I0698668

# Trouve Votre Carte

**Apprenez une méthodologie pour amener votre entreprise au niveau supérieur de réussite.**

Faider Andrade Solarte

@encuentratumapa
www.encuentratumapa.com  faider@encuentratumapa.com

# résumé

J'espère que ce livre sera une source d'inspiration précieuse pour le lecteur ! Basé sur des expériences personnelles, où divers obstacles ont été rencontrés tant au niveau économique que sportif, le récit propose une méthodologie transversale. L'objectif est que chaque lecteur trouve l'utilité de cette méthodologie et se sente motivé pour poursuivre ses rêves et ses objectifs dans la vie. La combinaison d'expériences réelles et de leçons apprises fournit des conseils pratiques qui peuvent être appliqués à divers domaines de la vie. Puisse cette histoire vous inspirer pour réussir dans vos propres efforts et objectifs !

Droit d'auteur:



**ISBN :** 9798871685082
**Étiquette :** Publié indépendamment

# Dévouement

Ce livre est dédié à ceux qui s'y lancent pour la première
fois, et surtout à ceux qui n'abandonnent pas, peu
importe combien de fois ils essaient, car le succès est
dans celui qui continue le combat, pas dans celui qui est
déjà fait, j'ai abandonné.

# Merci

Tout d'abord, je remercie Dieu pour les expériences qu'il m'a permis de vivre, le staff qui a travaillé avec moi à Launica, les athlètes et entraîneurs qui ont fait partie de cette histoire.

# Table des matières


Introduction .................................................................11

Préface ......................................................................13

Première partie Trouver la carte ...............................14

La recherche cartographique ...............................14

Le fait que?' au lieu de « Comment ? » .......................18

Le secret pour se fixer des objectifs ambitieux ............19

Profitez du processus, amusez-vous .........................22

La finale de la Ligue des Champions est arrivée .........23

Vous atteignez votre objectif, montez le niveau ...........24

La difficulté et l'épreuve ....................................26

Malgré tout, restez concentré ...............................26

Dans la crise, l'opportunité s'est présentée .................28

escalader la montagne........................................31

Descendre la montagne.......................................33

La révélation ..................................................34

Consultez la carte ............................................36

Apprendre à lire la carte......................................38

Trouver un guide ou un mentor..............................40

A la découverte de la cascade................................40

La connexion..................................................43

Fermez le cycle et continuez ................................44

Deuxième partie Construisez votre carte .....................47

Comment construire la carte..................................47

Comment maintenir une mentalité de gagnant.............57

Comment améliorer .........................................60

Vision ............................................................ 60

Objectifs ...................................................... 67

Activités à réaliser ...................................... 69

Le suivi ....................................................... 72

Surmonter les obstacles et les défis ............. 74

Cultivez des habitudes positives et productives .......... 76

Relations et réseaux de soutien ..................... 77

Célébrer et apprendre ................................. 78

Troisième partie Autres cartes ..................... 80

sport ........................................................... 81

De l'athlète à l'entraîneur ........................... 82

Promouvoir le sport ..................................... 83

sports de combat ........................................ 83

Prêt pour le quadrilatère .............................. 84

Raccrocher les gants .................................... 84

Venir se battre ............................................ 86

plan de formation ....................................... 87

Comment être un champion ? ....................... 87

Oublier d'être champion ............................... 94

Quatrième partie Sur les épaules des géants ............. 96

4 principes .................................................. 97

Direction d'entreprise .................................. 99

Chasseur de têtes et délégué ........................ 101

Les principes et la richesse de Smith ............. 105

Vbal ........................................................... 108

De grands hommes d'affaires ........................ 109

**Cinquième partie Erreurs**...................................113

    Évitez de commettre ces erreurs ............................113

    Se brouiller................................................114

    Il fait des erreurs .......................................117

    N'attendez pas pour tout savoir ..........................118

    Concentrez-vous sur ce que vous voulez...................120

conclusion..............................................122

# Introduction

Le monde aspire à des histoires qui émergent d'années d'expériences diverses, donnant lieu à des succès notables. Ce livre résume un parcours qui a franchi une étape apparemment irréelle : une augmentation des ventes qui a dépassé 2 000 % en seulement 20 mois. En atteignant cet objectif, l'objectif a été augmenté 10 fois plus que ce qui avait été atteint, donnant naissance à de nouvelles idées pour atteindre le nouvel objectif de croissance.

Plus que d'exposer les actions et les décisions qui ont conduit à cette réalisation, ce récit naît de la responsabilité d'inspirer les managers et les entrepreneurs, contribuant au développement de leurs visions et de leurs objectifs.

Dans un souci de simplicité, des connaissances façonnées à partir de concepts extraits de divers auteurs et enseignants tout au long de la vie sont présentées. Ce témoignage réel et pratique propose une méthodologie repensée qui démontre que « tout » est réalisable avec détermination.

Dans la première partie, vous vous plongerez dans une expérience personnelle : le voyage d'affaires qui commence à la cascade de La Joaquina, à Sandoná, Nariño. Après quatre ascensions, vous atteignez cette merveille naturelle entourée d'exubérance. Bien que les trois premières ascensions aient été infructueuses, chacune d'elles a été remplie d'expériences précieuses, comparables à la recherche d'une carte vitale pour atteindre de grands objectifs.

La deuxième partie révèle l'application de la méthodologie Vbal, clé des résultats extraordinaires racontés ici. Cet acronyme, qui représente la vision, les objectifs, les activités à exécuter et le suivi, est mis à votre disposition afin que vous puissiez l'appliquer dans vos propres entreprises et activités professionnelles.

La troisième partie explore d'autres cartes et expériences, apportant des principes et des idées au domaine sportif. Le principe principal est clair : différentes cartes peuvent mener au succès dans la vie.

La quatrième partie sert de prélude à un volume plus complet, où sont partagés les enseignements des entrepreneurs qui ont bâti des empires. Il cherche à répondre aux préoccupations persistantes quant aux raisons pour lesquelles certaines entreprises obtiennent de grands succès par rapport à de plus petites entreprises.

La conclusion du livre se concentre sur la prévention des erreurs, offrant des leçons précieuses sur la façon dont la sagesse humaine consiste à surmonter les obstacles lors de l'expansion.

# Préface

Il est dix heures du soir, le froid s'infiltre par les fissures de la fenêtre. Cela fait une semaine depuis l'appel interne que j'ai eu pour écrire ce livre. Certains croiront qu'il s'agissait d'un appel de Dieu, tandis que d'autres soutiendront qu'il s'agissait d'une communication avec l'autre soi, l'être intérieur, ou encore que l'univers a conspiré pour m'amener à me consacrer à ce travail.

La responsabilité d'écrire ce livre devenait de plus en plus impérative. Je ne pouvais pas continuer à reporter la confrontation avec cette page blanche, considérant les chapitres comme un défi insurmontable. Finalement, j'ai pris la décision et je me suis concentré sur le début de l'écriture. Ce qui suit est le résultat de cette décision.

Au terminal de transport, attendant cinq heures pour mon voyage et à seulement deux heures de l'embarquement, je me suis plongé dans le contenu de mon téléphone portable. À ce moment-là, une petite voix intérieure m'a poussé à agir. Je me souvenais de situations similaires dans le passé, d'époques où des livres fascinants se perdaient dans les étagères oubliées de ma mémoire.

Cette fois c'etait different; Les diverses expériences de la vie m'avaient conduit à une carte au trésor. Cette carte, pour les besoins de cet écrit, a pour but de vous guider vers le merveilleux trésor qui vous attend également.

# Première partie Trouver la carte

## La recherche cartographique

Nous ne savons jamais avec certitude quand commence notre recherche de la carte. Tout au long de la vie, nous découvrons qu'il ne s'agit pas seulement de trouver une carte, mais de découvrir plusieurs cartes. Ces cartes ont la particularité de nous guider d'un point A à un point B, de notre point de départ jusqu'à l'endroit où nous voulons aller, en traçant l'itinéraire jusqu'à un trésor caché, quelque chose que nous apprécions profondément.

Avec l'acquisition d'expérience, ces cartes deviennent plus précises. La rapidité avec laquelle vous trouvez la carte, que ce soit dans vos premières années ou après quelques décennies, dépend de la compétence que nous développons, ainsi que de votre détermination et de votre persévérance, pour atteindre de véritables objectifs.

Au début, je ne savais pas que j'avais besoin d'une carte. Ce n'est que vers la quarantaine, après avoir participé à des aventures où j'avoue ne pas avoir suffisamment cultivé ma détermination et ma persévérance, que j'ai compris qu'une grande partie de ma vie était consacrée à l'élaboration de cette carte. En tant que cartographe expert, j'ai tracé mon propre chemin pour réaliser mes rêves et atteindre mes objectifs.

Maintenant, cher lecteur, vous avez devant vous un ouvrage qui, je l'espère, vous fera gagner du temps, vous permettant d'agir avec plus de confiance dès le début. Même si mes paroles semblent destinées à un jeune public, je tiens à préciser que cela ne doit pas décourager ceux qui ont dépassé cette étape de la vie. De grands hommes d'affaires comme Ray Kroc et le Colonel Sanders, respectivement fondateurs de McDonald's et Kentucky Fried Chicken (KFC), ont montré que l'âge n'est pas une excuse. Que vous vous considériez trop jeune, que vous pensiez avoir encore du temps ou que vous pensiez que vous êtes trop vieux, leurs histoires enseignent qu'il n'est jamais trop tard pour entamer une nouvelle voie vers le succès.

Ce qui pour certains pourrait être une excuse parfaite, pour d'autres devient le catalyseur du succès. La véritable limitation a toujours résidé en vous, tout comme la possibilité d'un nouveau départ. À l'heure actuelle, l'expérience est moins pertinente que jamais ; L'essentiel est de trouver la carte qui vous guidera vers vos objectifs.

La recherche a commencé et commence dès votre naissance, et même avant, mais c'est à partir du moment où l'on commence à prendre conscience que la recherche de la carte commence réellement.

J'ai commencé mes recherches très jeune, vers huit ans. En tant qu'aîné des enfants, j'ai assumé des responsabilités dans l'entreprise familiale dès mon enfance, en participant à des tâches qui étaient à la portée de mes capacités pour soutenir les efforts entrepreneuriaux de mes parents. C'est ainsi qu'a commencé mon parcours dans le monde des affaires.

La richesse historique qui accompagne votre histoire personnelle a été fondamentale pour construire votre carte de vie. Permettez-moi de le dire plus clairement : qui vous êtes actuellement est le résultat de toutes vos expériences, tant positives que négatives. Grâce à ces expériences, vous êtes devenu le merveilleux être humain que vous êtes aujourd'hui.

Vous avez un potentiel incroyable qui, en lisant ce livre, vous identifiera avec des points de réflexion où vous valoriserez les moments de réussite que vous avez vécus dans votre vie.

Le policier s'approche pour me demander mon numéro d'identification au terminal, une procédure de routine qui me sort momentanément de mes pensées.

Cette situation me fait réfléchir sur la façon dont les différentes périodes de la vie sont cruciales pour construire notre carte personnelle.

En pleine conception de stratégies pour amener mon équipe à atteindre l'objectif quotidien de 10 000 $ de ventes, j'ai commencé à tracer notre chemin vers le succès. Plein de joie et de motivation pour le nouveau partenariat que nous venons de nouer, mon esprit se concentre sur un objectif clair : j'étais sûr que l'atteindre nous ferait passer au niveau supérieur. Même si à cette époque les ventes quotidiennes approchaient à peine les 500 $ US et que mon partenaire pensait qu'atteindre 1 000 $ US serait une bonne chose, dans mon esprit ce qui se préparait était ce qui serait pour certains considéré comme complètement impossible : je visais une augmentation des ventes de 2 000 %.

L'entreprise consistait en un établissement commercial qui distribuait plus de cinq mille références différentes.

Elle était située dans une ville relativement petite et faisait tout juste ses premiers pas. Mon inspiration est venue de l'histoire de Sam Walton et de sa création de Walmart, qui a également commencé dans une petite ville appelée Bentonville, en Arkansas.

Il est essentiel d'éprouver de la gratitude pour les réalisations des grands enseignants qui ont commencé avant vous et qui ont ouvert la voie. Même si les résultats qu'ils ont obtenus semblent inaccessibles, voici un exemple de comment s'en rapprocher et même les surpasser. Tout dépend de ce que vous voulez vraiment. Dans ces pages se reflète une méthode basée sur des expériences réelles qui peut vous mener très loin sur le chemin du succès.

Ce livre pourrait s'intituler « Comment réaliser une augmentation de 2000 % des ventes dans votre entreprise ». Bien que ce que vous apprendrez ici soit tout à fait réel, il est naturel que vous ayez des doutes avant d'acquérir cette compétence. Pourtant, cette compétence est fascinante et essentielle à la croissance. Il n'a pas encore découvert comment y parvenir, tout comme l'équipe qu'il dirigeait à l'époque.

Je parlais à l'équipe et je suis sûr qu'ils me considéraient comme un fou. Je devrai probablement leur demander ce qui leur passait par la tête à ce moment-là. Au début, nous avons eu du mal à atteindre l'objectif de 1 000 $ de ventes quotidiennes. Pour être honnête, je ne savais pas comment nous allions y parvenir dans une entreprise complètement traditionnelle, sans les avantages d'évolutivité qu'offrent Internet et d'autres types d'entreprises. Nous étions simplement un établissement commercial, comme n'importe quel autre dans une petite ville ou un quartier de la ville.

Des années d'expériences de vie m'avaient amené à croire que je pouvais le faire. Cependant, ma logique académique ne me fournissait pas une seule ressource sur la façon de le faire dans la pratique. La seule chose que je savais intérieurement, c'était que j'allais y arriver.

C'est cette intuition, cette certitude qui vous envahit lorsque vous sentez que votre heure est venue. Je savais que c'était maintenant ou jamais. Même si j'avais traversé plusieurs moments auparavant, cette fois, mon énergie et mon attitude étaient différentes. J'avais l'impression de créer quelque chose de grand et tout autour de moi prenait une teinte différente. Même si la réalité était celle d'une petite entreprise, je dirigeais dans mon esprit une grande entreprise. Tout s'est transformé grâce au pouvoir de l'imagination ; Dans mon esprit, c'était déjà une réalité.

## Le fait que?' au lieu de « Comment ? »

Comment y parvenir ? Très tôt, j'ai réalisé que le « comment » n'avait pas vraiment d'importance. C'est ce que j'ai compris au fil du temps, et je veux que vous le compreniez aussi maintenant que vous dessinez votre propre carte. La vérité est que le « comment » n'a aucune importance et n'est pas pertinent. Ce qui a vraiment du poids, c'est le « Quoi ? » : trois lettres qui ont une signification profonde pour votre vie. Je vous invite donc à réfléchir et à écrire : quelle est la chose la plus importante que vous souhaitez réaliser à ce moment de votre vie ? »

Oui, je sais, ce n'est pas facile au début. Laissez-moi développer l'idée et vous comprendrez vite. C'est un engagement qui, avec du temps et de la détermination, vous finirez par définir les ressources nécessaires pour y parvenir.

## Le secret pour se fixer des objectifs ambitieux

Maintenant, vous vous demandez peut-être pourquoi se fixer pour objectif de vendre 10 000 USD par jour alors que nous n'atteignons même pas 1 000 USD en une seule journée ? Laissez-moi vous révéler le plus grand secret que j'ai découvert : se fixer un objectif aussi élevé permet d'atteindre un point possible beaucoup plus facilement. Pour mon esprit et pour l'équipe, il était plus facile d'atteindre 1 000 USD une fois que nous nous sommes concentrés sur la visualisation de 10 000 USD. C'était comme si en visant si haut, le chemin vers des objectifs plus réalistes était débarrassé des obstacles mentaux et émotionnels.

Atteindre 1 000 $ US a été relativement facile, mais à mesure que nous atteignions ce chiffre, la joie et l'euphorie nous ont envahis. Cinq mois plus tard, nous avons commencé à dépasser régulièrement les 1 000 USD. Une fois atteint, il fallait rester au-dessus de ce chiffre, car tomber en dessous était facile et démoralisant. Toute l'équipe s'était concentrée sur cet objectif, et aider son leader à atteindre 1 000 USD par jour est devenu plus réel et réalisable que 10 000 USD.

Au début, se fixer comme objectif d'atteindre 10 000 $ US par jour, alors que l'on savait que nous n'atteindrions même pas 1 000 $ US, semblait presque une moquerie.

Cependant, à mesure que je le répétais avec détermination et avec une force croissante, j'ai commencé à me convaincre que j'en serais capable. Ce qui est surprenant, c'est que peu à peu, ma conviction a commencé à infecter les autres, et eux aussi ont commencé à croire en la possibilité d'en faire une réalité.

La prière quotidienne a commencé à porter ses fruits lorsque j'ai demandé à Dieu la sagesse et l'intelligence pour construire mes objectifs. C'est à ce moment-là que j'ai commencé à changer, je suis passé du statut de leader avec un « Quoi ? pour comprendre le « Comment ? ». J'ai commencé à comprendre comment faire, car quand le « Quoi ? C'est clair, le « Comment ? cela devient plus facile à trouver.

La parole de Dieu nous dit dans Matthieu 7 :7 : « Demandez et l'on vous donnera ». Cet enseignement a commencé à prendre un sens dans ma vie lorsque j'ai compris le pouvoir de la prière et de la foi que Dieu fournira les réponses à mes demandes.

Les réponses ou les idées ont commencé à arriver la nuit. La première fois qu'une excellente idée m'est venue pour atteindre mon objectif, c'était vers trois heures du matin. Je me souviens avoir été à moitié endormi et avoir réalisé à quel point c'était une idée brillante, m'émerveillant alors que j'étais encore endormi. Quand je me suis réveillé, j'étais certain que c'était une idée incroyable, mais je dois admettre que je ne m'en souvenais pas le lendemain. Au fil de la journée, je ressentais seulement l'angoisse de ne pas pouvoir me souvenir de cette idée gagnante.

C'était la première expérience avec l'idée qui est venue pendant la nuit. A l'aube, après quelques jours, une autre idée surgit dans un rêve et j'ai réussi à me souvenir de la précédente. Les deux idées étaient exceptionnelles et, dans le rêve, je croyais fermement que j'allais réaliser ce que j'avais décidé de faire. Je me sentais complètement heureux lorsque l'aube se leva. Ce matin-là, entre l'angoisse de ne pas pouvoir se souvenir des idées et le bonheur de leur éclat, le processus de croissance exponentielle n'avait pas encore commencé.

C'est alors que m'est venue l'idée d'avoir un cahier ou mon téléphone portable à proximité pour noter la prochaine idée. J'avais déjà perdu deux idées dont je ne me souvenais pas le lendemain. J'étais mieux préparé pour la prochaine opportunité, mais encore une fois, cela s'est produit. À cette troisième occasion, à cause du rêve et de l'état de rêve, je ne me suis pas réveillé et j'ai continué dans le rêve. Le lendemain, quand je me suis réveillé, j'ai eu le sentiment d'avoir trois idées brillantes dans ma tête, mais je ne les ai pas écrites et je ne me souvenais pas de ce que j'avais pensé.

Parfois, nous avons besoin de perdre pour déclencher le changement que nous recherchons en nous-mêmes. Ce processus de transformation est un défi et vient de nous, avec une force extraordinaire. Lorsque vous commencez à ressentir ce changement, votre détermination devient plus forte et commence à transformer complètement votre vie.

La quatrième fois s'est avérée être la bonne. À partir de ce moment-là, j'ai pris soin de noter minutieusement les idées qui me sont venues au cours de la nuit, sachant que si je voulais vraiment atteindre mes objectifs, je devais agir. Il était crucial non seulement d'avoir l'idée, mais aussi de l'exécuter et de la mettre en pratique. J'ai compris qu'il ne suffisait pas de réaliser l'idée ; Il était essentiel de s'assurer que l'idée elle-même réussissait suffisamment pour faire avancer le projet.

## Profitez du processus, amusez-vous

Au fil des jours, avant de démarrer les opérations dans l'entreprise le matin, la réunion du matin avait lieu. Cette séance, qui durait de 30 à 45 minutes, avait un objectif clair : concentrer l'équipe sur l'objectif du jour. La particularité de ces réunions était qu'à la fin de chaque intervention, une nouvelle stratégie, idée ou plan d'action leur était communiqué. Il terminait toujours par une prière, exprimant sa gratitude envers Dieu et gardant la foi pour atteindre 10 000 $ US de ventes quotidiennes.

Les jours passaient et il semblait que rien ne se passait. Le rythme frénétique des activités quotidiennes sapait notre énergie. Des doutes assaillent l'équipe quant à la possibilité d'atteindre l'objectif, et c'est tout à fait normal. Bien souvent, les gens autour de nous ne croient pas au début. Leur niveau de confiance est si bas qu'il ne leur permet pas de voir ce que nous construisons. Il n'est pas facile pour ceux qui ne sont pas en phase avec notre vision de comprendre où nous allons. La seule chose qui est vraiment importante est de garder vos pensées et vos actions concentrées sur la réalisation de l'objectif proposé, quoi qu'il arrive et quelle que soit la manière dont les défis surviennent.

Au fil du temps, en appliquant les idées avec la meilleure attitude et aptitude, la magie a commencé à opérer. L'estime de soi et l'image de soi du groupe ont commencé à grandir, ce qui semblait au premier abord inaccessible est devenu réalité. Soudain, toute l'équipe a commencé à croire que cela était possible. Les stratégies mises en œuvre se sont révélées être un franc succès, et même si je ne les détaille pas ici, il est important de garder en tête que les idées arrivent au bon moment. En lisant les idées, les stratégies et les tactiques de Walmart, je me suis senti dépassé. La mise en œuvre ne consiste pas simplement à copier ; Chaque situation nécessite de l'inspiration et de la réflexion pour résoudre les défis qui se présentent.

## La finale de la Ligue des Champions est arrivée

Alors que nous mettions en œuvre les idées avec la ferveur que nous avions injectée dans l'équipe, quelque chose d'extraordinaire a soudainement commencé à se produire. Nous avions l'impression d'être en finale d'un championnat presque tous les jours. Nous avons maintenu une joie et un enthousiasme constants, soutenus par la foi et la confiance en l'avenir. Nous savions que nous y parvenions. Il y a eu des jours où nous avons dépassé 5 000 USD, 6 000 USD et avons même atteint 9 850 USD en une seule journée. L'euphorie était incroyable ; Tout se passait à merveille, dans cette entreprise où même 500 dollars américains n'étaient pas vendus par jour.

Il nous a fallu environ 20 mois pour y arriver, avec des succès et des erreurs tout au long du chemin. Pendant ce temps, les apprentissages se sont consolidés, nous préparant à la grande transformation qui se produisait dans l'entreprise. Atteindre l'objectif est une victoire, mais rien n'est comparable à l'ascension lorsque personne n'y croit et que vous y croyez. Jour après jour, guider l'équipe vers cet objectif, avec passion et dévouement, nous a permis de commencer à l'atteindre petit à petit. Le processus a été aussi gratifiant que le résultat final.

Au milieu de l'ébullition et de l'effervescence, la gymnastique m'a donné l'occasion de présenter le nouvel objectif à l'équipe. En tant que leader, j'avais placé la barre plus haut et c'était maintenant à mon tour d'élever également le niveau de l'équipe. C'est à ce moment-là que j'ai simplement ajouté un zéro à l'objectif précédent et que je me suis fixé un nouvel objectif : vendre 100 000 $ US par jour dans une petite municipalité, ne comptant pas plus de vingt mille habitants.

Dire que nous l'avons fait est important, mais à long terme, cela n'enseigne pas autant que le processus par lequel nous l'avons fait. Cher lecteur, vous aussi pouvez y parvenir en trouvant votre propre carte.

## Vous atteignez votre objectif, montez le niveau

Nous étions sur le point d'atteindre l'objectif de 10 000 $ US par jour, mais j'ai décidé de relever la barre une fois de plus. Sinon, nous entrerions dans une zone de conformité qui, au fil du temps, transformerait une équipe hautement productive en une équipe découragée et apathique. Ce sont nos rêves qui nous motivent et nous consacrons nos efforts inlassables à bâtir l'avenir qui nous attend.

Je me souviens de ce jour où nous avons presque atteint 12 000 $ US. J'ai souri et je savais que nous étions sur le point de dépasser la barre des 10 000 dollars américains.

Au milieu de cette chaîne de pensées et de prières, nous avons appliqué les idées et les stratégies que nous avions planifiées. Nous avons réalisé qu'avec de la persévérance, nous pourrions atteindre 32 000 $ US en une seule journée. Je n'avais jamais ressenti une telle euphorie auparavant, car la stratégie que j'avais en tête pour y parvenir était déjà claire.

Détailler la stratégie pour atteindre 10 000 USD voire 100 000 USD n'est pas aussi crucial que d'être certain que vos stratégies seront tout aussi efficaces. L'esprit, lorsqu'il est concentré ou mis en « contrôle », donnera les idées expliquées dans la prière, ayant la foi dans la recherche des réponses dont vous avez réellement besoin. Rappelez-vous toujours que vous êtes créé à l'image et à la ressemblance de Dieu.

Je pourrais vous parler des différents états émotionnels que l'équipe a vécus pendant que nous vivons cela, mais je sais que vous les vivrez aussi. Vous vous souviendrez de cette étape comme si vous faisiez partie de mon équipe et que je faisais désormais partie de la vôtre.

Ils vont rire, mais vous continuez.
Ils vont se moquer, mais vous continuez.
Ils vont douter de vous, mais vous continuez.
Vos partenaires ne vont pas vous soutenir, mais vous continuez.
Faire le travail comme si c'était pour Dieu, c'est ce que la parole nous enseigne, et c'est ainsi qu'il faut le faire.

Vous vivrez des expériences qui vous feront grandir, vous apprendrez et résoudrez les problèmes qui se poseront. Imaginez ceci : chaque nouvelle solution que vous trouverez dans votre vie, dans votre entrepreneuriat, vous mènera à de nouveaux défis. Acceptez les problèmes, car la façon dont vous les affrontez déterminera votre croissance. Celui qui se dresse face à un problème bat le géant, mais celui qui se laisse vaincre n'y parvient pas. Vous êtes le David de votre propre histoire.

## La difficulté et l'épreuve

Le désespoir de ne pas vendre, accompagné de l'angoisse de devoir payer les frais fixes ; le souci constant de faire la paie et la situation difficile de devoir décider de licencier des personnes qui croyaient en vous et en qui vous aviez finalement fini par croire.

Quand les choses ne vont pas bien, les humeurs sont changeantes ; Les fournisseurs appellent et tout le monde veut de l'argent, y compris vous. Mais pendant cette quinzaine, vous n'êtes pas payé non plus ; Vous n'êtes pas payé depuis des mois et le propriétaire ne semble plus être votre meilleur ami.

C'est à tout moment, et surtout dans les moments difficiles, que nous découvrons vraiment qui nous sommes et de quoi nous sommes faits. Dans les situations difficiles, nous décidons quelle version de nous-mêmes nous allons adopter : celle d'un gladiateur ou celle d'un lâche.

Ce sont des moments où vous attendez le plus le soutien de vos partenaires, surtout s'il s'agit d'une organisation.

Pour grandir, ils se concentreront sur la recherche de vraies solutions. Sinon, vous aurez simplement un conseil d'administration qui se plaindra parce qu'il ne voit pas les résultats escomptés.

## Malgré tout, restez concentré

Même lorsque les indicateurs indiquent que vous êtes en train de perdre, concentrez-vous sur vos rêves et vos objectifs. Dans les moments d'adversité, qui surgiront toujours, considérez que c'est simplement le test que la vie vous propose pour déterminer si vous êtes prêt à recevoir la bénédiction qui vous attend.

Un état d'esprit audacieux est essentiel pour jeter les bases de quelque chose de grand. Vous devez effrayer vos peurs et rester à l'écart des personnes autour de vous qui vous font peur, même si ce sont des êtres chers. C'est difficile à accepter, mais c'est comme ça. Curieusement, les plus craintifs sont généralement ceux qui sont les plus proches de nous. D'une certaine manière, ils tentent de nous protéger de la douleur et de la souffrance. Cependant, il y a aussi des gens qui ne veulent pas que vous réussissiez, car si vous le faisiez, ils révéleraient leur propre manque de capacité. Souvent, ils ne vous le disent pas directement, mais leurs actions parlent d'elles-mêmes.

S'éloigner de ce que vous faites ne signifie pas nécessairement rompre les relations. Cela signifie simplement que certaines personnes n'ont pas suffisamment d'informations sur votre parcours. Organisez votre vie de manière à ne pas laisser parvenir à leurs oreilles des informations susceptibles de les inquiéter. Cela préservera non seulement votre santé mentale, mais profitera également à votre environnement.

Si vous vous trouvez dans une situation où votre partenaire s'oppose ou est totalement en désaccord avec ce que vous faites, vous êtes confronté à une situation très complexe. À moins que la relation ne soit solide et fondée sur une compréhension et un soutien mutuels, vous pourriez être confronté à des défis importants.

Les problèmes seront toujours présents ; C'est quelque chose de normal. Nous ne pouvons pas nous attendre à tout savoir avant de démarrer une entreprise. Il faisait partie de ceux qui ont consacré leur vie à tout apprendre avant de commencer à le faire. Cependant, dans la pratique, j'ai réalisé que ce n'était pas une bonne voie. Apprendre l'entreprise en théorie sans la mettre en pratique n'est absolument pas pédagogique.

Chaque problème a plusieurs solutions ; choisissez simplement le meilleur. Je me souviens avoir entendu cette leçon lors d'une conférence il y a quelque temps. L'oratrice a partagé qu'il lui avait coûté des milliers de dollars pour apprendre cette leçon. Maintenant, vous aussi bénéficiez de sa lecture.

Cette technologie vous permet de réaliser ce que vous voulez vraiment dans la vie. Soyez attentif et concentrez-vous là-dessus : la chose la plus importante dont vous avez besoin est **de vous asseoir et de réfléchir, de prendre une feuille de papier et un crayon** . Aussi étrange que cela puisse paraître, il nous suffit de nous asseoir, de réfléchir et de trouver la solution. C'est fascinant quand on réalise que c'est tout ce qu'il faut.

Que désires-tu? Asseyez-vous et réfléchissez à la manière d'y parvenir. Au début, les idées ne circulent pas facilement, mais c'est une question de formation. Chaque fois que vous réessayez, cela devient plus facile. N'oubliez pas que tout peut être entraîné, amélioré et appris. Donc vas-y!

## Dans la crise, l'opportunité s'est présentée

Désormais, je ne suis plus partenaire, ce que j'ai vécu personnellement, une situation similaire à celle de Steve Jobs (proportions gardées). J'ai vu plusieurs fois le célèbre film sur Jobs et je n'aurais jamais imaginé pouvoir vivre quelque chose de similaire. Savoir que je pouvais d'une manière ou d'une autre expérimenter ce qu'il ressentait et vivait était choquant. J'ai eu la magnifique opportunité d'en faire l'expérience, et c'est comme ça que ça s'est passé.

Nous étions enthousiasmés à l'idée d'atteindre 32 000 $ USD en une journée. Soudain, la mission était claire et nous étions prêts à passer à l'action. La joie et l'euphorie que nous avons ressenties n'étaient comparables qu'à celles que j'ai vécues lorsque j'étais champion national. Le sentiment qu'a ressenti l'équipe à ce moment-là était vraiment sensationnel.

Au cours de ce processus, j'ai reçu un message qui disait : « Vous ne possédez rien, vous n'avez signé aucun document. » Même si je savais que c'était le cas, cette petite voix intérieure m'a mis au défi de le prouver, et c'est ce que j'ai fait.

Les jours précédents, cette petite voix intérieure m'avait prévenu du problème, mais j'ai argumenté en disant : « Vous ne comprenez pas, nous avons un accord verbal et je fais confiance à cette personne. Il y a eu plusieurs réflexions à ce sujet, jusqu'à ce que finalement cette voix commence à avoir un effet sur moi. J'ai décidé de prendre les mesures nécessaires et de préparer les documents pertinents.

Je passe l'appel inattendu, celui que vous ne voulez pas passer mais que vous savez que vous devez passer. En décidant de le faire et en réalisant que la petite voix avait raison, je suis entré dans un état de déni. La première chose que j'ai faite a été de corroborer personnellement ce fait.

Beaucoup de choses m'ont traversé l'esprit. Je me sentais habitué, complètement déçu et très triste de ce que j'avais entendu. Cependant, j'ai décidé d'aller l'écouter en personne. Il était furieux ; Ce n'était pas la meilleure attitude, mais la prière avec Dieu m'a peu à peu calmé. Alors que je me dirigeais vers la confrontation verbale, la dispute prévue allait être incendiaire. Cependant, alors que je répétais ce discours dans mon esprit pendant les presque trois heures où je conduisais la voiture, ma température a chuté.

L'esprit dans cette situation pense à beaucoup de choses. Le manque de clarté que j'avais à cet égard m'a amené à freiner la stratégie. Pour la première fois, j'ai auto-saboté ma vie consciente. Ressentir cela, savoir que tout ce que vous avez fait en 20 mois de travail, disparaît soudainement sans que vous vous en rendiez compte (nous avons atteint l'objectif de 2000% en vingt mois), c'est navrant.

Quand je suis arrivé, c'était calme et serein. Pendant cette période. Je me suis retrouvé dans une situation inattendue : ils m'ont confirmé que je n'étais pas un associé, mais simplement un commercial avec commission sur les ventes. Je suis passé du statut de propriétaire de l'enseigne à celui de meilleur vendeur. La nouvelle ne m'a pas plu ; Ce n'était pas la réponse à laquelle je m'attendais ni la réalité que je m'étais imaginée.

## escalader la montagne

Escalader la montagne et prier sont devenus mon rituel personnel dans des situations qui nécessitaient concentration et solution. Je me suis inspiré des pratiques de l'Ancien Testament. Si vous êtes croyant, je vous invite à faire de même ; Si ce n'est pas le cas, essayez-le quand même et vous verrez comment les solutions commenceront à apparaître.

**"Grimper la montagne et prier sont devenus mon rituel personnel dans des situations qui nécessitaient concentration et solution."**

J'ai gravi la montagne à la recherche de sagesse et de réponses. À l'époque, les affaires étaient à leur apogée, mais j'avais l'impression de construire un grand bâtiment pour quelqu'un d'autre. La frustration et la confusion ont pris le dessus alors que je cherchais des conseils en haut de la montagne.

Il se souvint des paroles de Jérémie 33 : 3 : « Appelez-moi et je vous répondrai, et je vous montrerai des choses grandes et cachées que vous ne connaissez pas. » Alors que j'escaladais la montagne, j'ai répété cette prière désespérément, en pleurant comme si quelque chose m'avait brisé l'âme et que j'avais besoin de crier à l'univers pour obtenir des réponses.

En escaladant la montagne, j'ai cherché des réponses. Même si ce n'était pas facile à comprendre, je pense que ce que j'ai fait, c'est crier. Et surtout, j'ai trouvé ce que je cherchais.

J'ai gravi la montagne pendant plus de trois heures, parcourant environ trois kilomètres. Au cours de mon ascension, je n'ai pas trouvé les réponses que je cherchais, mais je voulais quand même les trouver. Plus je montais, plus je me rapprochais de leur recherche, même si des pensées de désespoir émotionnel me tourmentaient.

Soudain, je suis arrivé à un endroit où se trouvait une carte que j'avais vue il y a huit ans. A cette époque, j'avais grimpé dans le but de faire de l'exercice, mais je n'avais pas assez de temps pour atteindre la cascade Joaquina. Désormais, à la recherche de réponses, il était déterminé à tendre la main.

La première fois que je suis monté, il y a environ 8 ans, je suis allé à un certain point et je suis revenu par manque de temps. A cette occasion, en montant, je me suis souvenu du chemin parcouru et j'étais heureux car maintenant j'allais voir la cascade. La montée était raide et plus je montais, plus je devenais physiquement fatigué. J'espérais y arriver le plus vite possible, en marchant et en appréciant le paysage qui s'offrait à moi.

Après plusieurs minutes de marche vers la cascade, je suis arrivé sur une autre route à la place de la cascade. J'ai vu une maison et j'ai demandé à quelques messieurs s'ils connaissaient la cascade Jacinta (elle s'appelle en fait Joaquina, mais ce nom m'est plus resté). L'un d'eux m'a indiqué la direction pour y accéder. Son explication était qu'il devait revenir un peu plus de 500 mètres, exactement là où il était arrivé.

Je ne l'ai pas compris. Il était fatigué, déprimé et de mauvaise humeur. Être gentil n'était pas ma principale caractéristique à cette époque. Je lui ai dit : « Mais la carte disait que ça devrait être ici. » J'avais une telle attitude qu'intérieurement, je croyais comme si c'était la faute du Seigneur si la cascade n'était pas sur le chemin où je pensais qu'elle se trouvait."

## Descendre la montagne

En descendant la montagne, je pensais à ma recherche et aux questions que je me posais. Même s'il avait parcouru la moitié du chemin, il n'avait toujours pas trouvé la réponse qu'il cherchait. Il doutait même qu'il puisse la trouver, surtout au moment où il avait le plus besoin d'elle. À de précédentes occasions, il avait trouvé des réponses en escaladant la montagne avec un but précis. Maintenant, c'était différent.

Soudain, j'ai entendu un bruit au milieu de la jungle. Je me suis rapproché et le bruit s'est intensifié. J'ai eu peur et j'ai couru. Je pensais que c'était un serpent à sonnette, mais comme je n'avais aucune expérience avec ce type de sons, je peux me tromper.

Finalement, je suis arrivé au point de départ où se trouvait la carte. Contrairement à la première fois où je suis monté, j'ai rencontré des locaux à qui j'ai posé des questions sur la cascade. Ils m'ont indiqué la bonne direction pour y arriver et m'ont proposé de les accompagner. Ils étaient trois, dont un avec une machette. Mon instinct de conservation m'a dit non, alors je les ai remerciés et ils sont partis.

Sur la carte, qui était un panneau d'environ un mètre et demi de large sur deux mètres de long, il y avait des buissons qui séparaient le chemin que j'avais emprunté du véritable chemin vers la cascade. Je n'ai vu le véritable itinéraire ni la première ni la deuxième fois que je suis monté. Au début, j'étais convaincu que le chemin que j'avais emprunté il y a des années était le bon, mais comme je ne pouvais pas le terminer, je ne savais jamais s'il menait vraiment à la destination, à la cascade.

Plusieurs fois dans la vie, nous sommes confus et prenons le mauvais chemin parce que nous n'avons pas terminé les processus ou fermé les cycles. Ce n'est que lorsque nous concluons et fermons les cycles que nous savons jusqu'où nous pouvons aller. En attendant, nous vivrons une expérience vide et dénuée de sens qui ne nourrira pas notre existence. Cela nous amène à faire le tour de la vie et à revenir au même point de départ.

Après avoir dit au revoir à ces messieurs et être parti descendre la montagne, je souriais. Le message et la réponse étaient arrivés, et l'objectif principal pour lequel il s'était levé était clair. Le message m'est parvenu avec tant de puissance et de force que j'ai souri avec gratitude. Il avait eu la révélation.

# La révélation

J'étais heureux et excité, parce que le message était très fort et si clair que mes larmes étaient maintenant des larmes de joie. J'ai ressenti un soulagement dans mon âme et la puissance de mon cœur battait en gratitude envers Dieu, parce que j'avais reçu la réponse. J'ai tout compris et j'ai remercié Dieu pour tout. Tout ce qui vous arrive est pour le bien, lorsque vous apprenez à voir le côté positif des choses. Mon élan reprenait pour un nouveau départ, même si je ne savais pas quoi. La seule chose que je savais, c'est que j'allais mieux maintenant.

**"Tout ce qui vous arrive est pour le bien, quand vous apprenez à voir le côté positif des choses."**

J'ai tout compris et, Dieu merci, tout ce qui vous arrive est pour le mieux. J'ai appris à voir le côté positif des choses et mon élan était renouvelé pour un nouveau départ, même si je ne savais pas exactement ce que cela impliquerait. La seule chose qui était claire pour moi, c'est que je me sentais déjà mieux.

Je me souviens d'une histoire racontée par le pasteur de l'église. Il raconte l'histoire d'un roi et de son écuyer. Le roi, monté à cheval, se frappe avec une branche d'arbre. Le châtelain lui dit : « Dieu merci ». Le roi, un peu grincheux, le regarde du coin de l'œil. Plus tard, le roi, préparant son fusil de chasse, tire accidentellement dessus et lui arrache une partie du doigt.

Le châtelain répète : « Dieu merci ». Cette fois, le roi ordonna immédiatement l'incarcération du châtelain. Quelques mois plus tard, certains Indiens capturent le roi et envisagent de faire une offrande aux dieux.

Lorsqu'elle est sur le point d'être sacrifiée sur le bûcher, la sorcière ou le maître de cérémonie vérifie l'offrande. Regardez la tête, les bras, le ventre et la poitrine, tout va bien. Cependant, en vérifiant les pieds, il se rend compte que l'offrande est défectueuse et décide de libérer le roi pour cette raison.

De retour au château, après avoir été libéré, le roi fit venir le châtelain et lui raconta ce qui s'était passé, en s'excusant embarrassé. El escudero, mirando al rey con calma, le dice: "No, por todo hay que darle gracias a Dios. Si hubiera ido con usted, a mí me habrían ofrendado a los dioses. Siempre estuve a su lado. Por todo, dale gracias adieu.

Ce message a résonné fortement dans mon esprit et les mots m'ont étonné. Mon enthousiasme grandit et la tranquillité me revint.

## Consultez la carte

Le message a commencé à résonner dans mon esprit, révélant qu'il y a des années, je n'avais pas réussi à atteindre la cascade faute de carte. Même si la carte était toujours là, la première fois que j'ai essayé de monter, je n'y ai pas prêté beaucoup d'attention. Mais cette fois c'était différent, maintenant que je l'avais vu, j'ai compris l'importance de la carte dans la vie.

À ce moment-là, les souvenirs de tout ce que j'avais vécu me sont revenus : les succès et les échecs qui avaient fait de moi la personne que je suis aujourd'hui. J'avais visualisé l'objectif de vendre 100 000 $ USD en une journée grâce à l'ensemble du processus que j'avais suivi. Atteindre cet objectif et la manière d'y parvenir est devenu la carte que j'avais dessinée au fil du temps.

Maintenant, je savais comment me fixer de grands objectifs dans la vie et les atteindre. J'ai compris que l'essentiel était de savoir ce que je voulais faire de ma vie ; le "comment" viendrait en plus. Il fallait juste que j'ose le faire et que je prenne des risques en chemin. Même si j'avais créé ma propre entreprise, j'avais déjà été confronté à des défis juridiques, ce qui n'était pas nouveau pour moi.

En regardant la carte, tout est devenu clair. En discutant avec les agriculteurs, la clarté est devenue encore plus évidente. Maintenant, je savais que je pouvais recommencer dans une autre activité et que sur ce nouveau chemin, je pourrais me dessiner une nouvelle carte, quel que soit le secteur sur lequel je décidais de me concentrer à nouveau.

Le message a résonné fortement et tout s'est entrelacé dans mon esprit, même si capturer ce même sentiment par écrit était un défi. En bref, le processus pour découvrir comment vendre 100 000 USD par jour était le fruit de mes expériences : c'était ma carte et elle pourrait aussi être la vôtre.

Lors de ma première tentative d'escalade de la montagne, je n'y suis pas parvenu en raison du manque de clarté de la carte et de l'absence de personne à qui demander. Cela m'a amené à conclure sur l'importance d'apprendre à obtenir une carte avec la sagesse et l'expérience dont on dispose à ce moment-là. La quantité d'expérience n'a pas autant d'importance que l'action de l'accomplir ; En chemin, vous apprenez et comprenez tout. En restant concentrés, nous développerons suffisamment de maturité pour mener à bien n'importe quel projet ou objectif dans la vie.

**"La quantité d'expérience n'a pas autant d'importance que l'action de la faire ; en cours de route, vous apprenez et comprenez tout."**

Tout était clair, du moins c'est ce que je pensais. J'ai réfléchi à cette vérité et j'ai réalisé que je pouvais désormais créer ma propre carte. J'ai réalisé que j'étais capable d'être le constructeur de mes propres cartes, conçues pour mon usage personnel. Je ne pouvais pas créer une carte personnalisée pour quelqu'un d'autre ; Il faudrait que je connaisse profondément cette personne pour pouvoir l'aider. C'est pourquoi j'ai préféré partager cette histoire comme exemple pour ceux qui sont prêts à tracer leur propre chemin vers le succès.

La deuxième fois que j'ai essayé de grimper, je n'y suis pas parvenu non plus. Même si j'avais vu la carte, je ne pouvais pas la comprendre et je n'avais personne à qui demander. D'une certaine manière, cette histoire est ma façon de vous écouter et de vous accompagner dans la construction de votre propre carte du succès.

## Apprendre à lire la carte

Le lendemain, alors que je réfléchissais encore à ce qui m'était arrivé, est arrivé mon neveu, cet être cher qui est venu demander conseil dans l'un des moments les plus réfléchis de ma vie. Je lui ai raconté tout le processus et il est devenu la première personne à entendre toute cette histoire.

Excité, il m'a dit qu'il voulait aller à la cascade. J'ai répondu : "Allez, je ne la connais pas non plus." J'ai regardé l'horloge, il était plus de deux heures de l'après-midi. J'ai fait quelques calculs mentaux et j'ai décidé de l'accompagner. Nous avons conduit la moto jusqu'au point où elle pouvait être atteinte par un véhicule, nous l'avons garée et je lui ai expliqué le mauvais chemin que j'avais emprunté lors de mes premières tentatives. Avec certitude, je lui ai dit : « C'est par là ».

Nous avons commencé à courir avec enthousiasme pour arriver rapidement. Nous avons continué à avancer, il a couru avec agilité à mes côtés. Plus tard, j'ai réalisé qu'il n'était plus à mes côtés. Je me suis retourné et je l'ai encouragé à aller plus vite. Nous avons continué à courir et dans notre hâte d'y arriver, nous avons atteint un point où nous avons réalisé qu'il nous fallait plus de temps. Il y avait une bifurcation sur la route ; J'ai pris le chemin qui descendait, mais quelques mètres plus tard je me sentais perdu face à la cascade, alors nous avons décidé de revenir.

Pendant ce temps, j'ai reçu un appel d'un ami. Nous avons parlé d'affaires, de croissance spirituelle et d'autres sujets. J'ai découvert que Mike Tyson s'était encore battu ce matin ; Bien qu'il ait clairement gagné, un match nul a été convenu, puisqu'il s'agissait d'un combat d'exhibition. J'ai aussi appris qu'Elon Musk s'était hissé à la deuxième place sur la liste des hommes les plus riches du monde. J'admire profondément ces deux représentants pour leur capacité à construire leur propre carte de réussite dans leurs domaines respectifs.

De retour au bureau, nous avons enfourché la moto et descendu la montagne sans avoir vu la cascade. Nous n'avions pas le temps, mais nous avons pris un engagement : écrire ce livre. Cette histoire devait être racontée, c'est pourquoi je l'ai promis au neveu.

Quelques jours plus tard, j'ai eu l'occasion de raconter cette histoire à un ami. Elle, si charmante et si délicate, m'écoutait avec enthousiasme et me suivait attentivement tandis que je lui racontais jusqu'où allait l'histoire. Il a été ému par l'histoire et a décidé de m'accompagner sur la montagne pour voir la cascade ensemble.

Nous avons prévu l'ascension, mais c'est déjà un détail. Le message important est d'apprendre à construire la carte. Chaque personne doit apprendre à tracer son propre chemin, et des mentors tout au long du processus vous aideront à raccourcir le processus.

## Trouver un guide ou un mentor

Le dimanche suivant, après avoir pris l'engagement de gravir la montagne avec mon amie et n'avoir trouvé personne d'autre pour nous accompagner, elle s'est découragée de monter, alors j'ai décidé de monter seule. Cette fois, c'était le charme, le quatrième essai.

Cette fois, j'avais un objectif différent en tête, quelque chose qui sort du contexte de ce livre. Je dirai seulement que mon intention a reçu une réponse positive.

Quand je suis arrivé au point sur la carte, j'ai commencé à remarquer des différences significatives. J'ai étudié attentivement la carte et soudain, un jeune homme d'environ 14 ans est apparu. Je lui ai demandé s'il connaissait la cascade et il a confirmé que oui. Les messieurs de ma deuxième ascension ne connaissaient pas la cascade, ce qui m'a appris l'importance de savoir à qui demander et quoi demander.

Je lui ai expliqué que sur le chemin de la cascade, il y avait deux chemins, l'un qui descendait et l'autre droit. Il m'a dit de toujours marcher droit et de ne jamais descendre. J'ai donc décidé de suivre ses conseils et j'ai commencé mon voyage vers la cascade.

# A la découverte de la cascade

Le bruit lointain d'une cascade commença à remplir l'air alors qu'il s'avançait dans la végétation épaisse. Chaque pas que je faisais me rapprochait de la destination, même si le chemin était mouillé et glissant et que les petits ruisseaux que je traversais mouillaient mes chaussures. L'air était humide et la végétation envahissante indiquait que personne n'y avait mis les pieds depuis des années.

Après avoir marché un long kilomètre, il atteignit finalement une clairière au milieu de la jungle. Sous mes yeux étonnés, un spectacle de la nature s'est révélé : une cascade majestueuse, haute et puissante, tombant dans un bassin naturel d'eau cristalline. Mais le plus étonnant de tous était l'arc-en-ciel qui dansait dans les gouttelettes d'eau, créant un spectacle de couleurs éblouissantes qui illuminait le paysage.

Je me suis approché prudemment de la cascade, les petites particules d'eau m'enveloppant. C'était comme un cadeau du ciel, comme si la nature elle-même célébrait son arrivée.

L'excitation m'a submergé alors que je me plongeais dans la piscine naturelle. L'eau froide l'enveloppa et la force de la cascade frappa mon corps avec une énergie revitalisante. Il avait l'impression d'être dans un rêve, comme s'il avait découvert un trésor perdu depuis des siècles.

À ce moment-là, je me sentais comme un véritable découvreur, comme un pionnier qui avait découvert un coin secret du monde. L'euphorie a rempli mes émotions alors que je me laissais emporter par les merveilles de la cascade, reconnaissante d'avoir persévéré dans ma recherche malgré les défis rencontrés en chemin.

Et ainsi, au milieu de la jungle, j'ai découvert non seulement la beauté de la nature, mais aussi un sentiment d'accomplissement et d'émerveillement qui resterait avec moi pour toujours. Mon cœur battait au rythme de la cascade et son esprit s'élevait avec la magnificence de l'arc-en-ciel.

En regardant la carte, j'ai réalisé qu'il y avait un autre itinéraire plus proche de la route, j'ai estimé qu'il était à environ 100 mètres, au lieu des 1 000 $ que je devais parcourir là où j'allais. J'ai compris que le mieux était d'apprendre à lire correctement la carte et à chercher l'itinéraire le plus court.

En marchant vers la cascade, j'ai réalisé que si j'apprenais à mieux lire la carte, je pourrais y arriver plus rapidement. L'idée me paraissait logique. J'ai visualisé atteindre la cascade et revenir de l'autre côté pour démontrer l'importance de raccourcir le chemin et d'apprendre à lire efficacement la carte.

Cependant, en arrivant et en m'émerveillant devant la cascade, j'ai été déçu de réaliser qu'il n'y avait pas de chemin court. Le message a été modifié : il ne s'agissait plus d' apprendre à raccourcir le chemin, mais de suivre correctement la carte.

Dans la vie, nous recherchons souvent des raccourcis et des moyens rapides de faire les choses, sans savoir quand ils nous mèneront au succès. Dans ces moments-là, **la détermination et le dynamisme font réellement la différence entre le succès et l'échec** . De plus, l'échec, considéré comme un apprentissage, est bénéfique pour notre développement humain, malgré ce que l'on pense en dehors du monde de l'entrepreneuriat.

> **"Dans la vie, nous recherchons souvent des raccourcis et des moyens rapides de faire les choses, sans savoir quand ils nous mèneront au succès."**

Si d'autres ont déjà trouvé la voie, il est important de tirer les leçons de leurs expériences. Ce sont des mentors, des personnes qui sont déjà sur le chemin que nous souhaitons atteindre. Leurs histoires de réussite et d'échec peuvent être une source d'inspiration pour nous. Dans mon cas, la carte était bien réalisée, mais des hypothèses et des interprétations erronées m'ont conduit à des conclusions erronées, déformant le véritable message.

> **"Si d'autres ont déjà trouvé la voie, il est important de tirer les leçons de leurs expériences."**

Cette expérience m'a rappelé l'histoire d'un roi qui a convoqué un conseil de sages pour créer un document qui pourrait guider quiconque le lirait, lui donnant le contrôle de son destin. Les sages se sont réunis pendant cinq ans et ont présenté douze volumes sur la manière d'y parvenir. Le roi, voyant les livres, demanda quelque chose de plus court. Cinq ans plus tard, ils revinrent avec un seul livre, mais cela paraissait encore trop long au roi. Après encore dix années de travail, ils ont présenté une seule feuille sur laquelle il était écrit : **« IL N'Y A PAS DE RACCOURCI SANS TRAVAIL »** .

## La connexion

La carte des cascades m'a fait comprendre que pour l'entreprise, j'avais construit différentes méthodes tout au long de ma vie qui se terminaient par la construction d'objectifs élevés. Et pour atteindre ces objectifs de la même manière qu'on atteint la cascade, comme dans une comparaison, la vie elle-même agit comme le grand professeur qu'elle est.

Cette comparaison de la compréhension de la carte pour atteindre la cascade et atteindre de grands objectifs en affaires a produit ce résultat.

## Fermez le cycle et continuez

La conversation finale avec le partenaire, qui n'était pas conflictuelle mais plutôt un discours de gentleman, m'a fait comprendre l'importance d'être reconnaissant pour tout ce qui arrive dans la vie. Sur le moment, vous ne comprenez peut-être pas la leçon que Dieu vous enseigne, mais avec le recul, j'ai réalisé que j'avais gagné plus et que j'avais plus de temps libre pour profiter de la vie. C'est inestimable. La carte que je construisais à l'époque était sur la bonne voie et je créais plusieurs cartes pour moi-même.

La réunion est devenue une explication mutuelle de ce que chacun avait dit, pensé et cru. J'en ai conclu qu'il s'agissait d'un problème de communication. Il tenait compagnie, je gardais la carte, et nous étions tous les deux heureux de ce que Dieu nous avait destiné.

Plonger dans les détails de cette histoire n'est pas le but de ce livre, et il serait injuste d'exprimer ici ma position, puisque la vérité est holistique, et mon homologue a également raison sur cette question.

Apprenez à extraire le plus précieux de la vie ; À chaque instant, il y a des enseignements de sagesse que le monde a besoin de connaître, et vous pouvez être l'enseignant dont nous avons tous besoin pour vivre mieux.

**"À chaque instant, il y a des enseignements de sagesse que le monde a besoin de connaître, et vous pouvez être l'enseignant dont nous avons tous besoin pour vivre mieux."**

Il est temps de vous réinventer une fois de plus. Vous devez maintenir une attitude positive, avoir confiance dans le présent et avoir une perspective claire sur l'avenir.

Steve Jobs, après avoir quitté Apple, s'est réinventé et a révolutionné neuf secteurs différents. Dans le film sur sa vie, il finit par revenir. Je ne sais pas si quelque chose de similaire se produira dans mon cas. La seule chose certaine ici et maintenant est d'affronter la réinvention avec passion et confiance dans l'avenir.

**"Dans la vie, on n'obtient pas ce que l'on mérite,
mais ce que l'on négocie par écrit."**

Après m'être libéré de cette situation et l'esprit clair, les idées sont arrivées et la créativité a coulé. J'ai passé en revue les ressources disponibles et me suis concentré sur la capacité de travail. S'il l'avait déjà réalisé une fois, il pourrait le refaire. Un vrai champion doit défendre son titre encore et encore, tant qu'il a l'énergie nécessaire pour continuer à concourir.

**"Ce qui se passe dans votre esprit est plus
amusant que les réseaux sociaux"**

Lorsque vous êtes vraiment concentré sur vos objectifs, vous vivez une histoire interne si spectaculaire qu'elle éclipse toute distraction externe. La fascination pour ce que vous accomplissez devient si intense que les réseaux sociaux, les plateformes comme TikTok, Facebook ou Instagram et d'autres formes de divertissement perdent de leur pertinence. Quand vous rentrez chez vous, quand vous vous couchez le soir, que vous fermez les yeux et que vous vous plongez dans le film de votre vie, vous réalisez la chose incroyable qui se passe.

Dans cet état de concentration, ce qui se passe dans votre esprit devient plus excitant que ce qui se passe autour de vous. L'émerveillement de votre propre récit, de vos projets et de vos souvenirs, revêt une importance bien plus grande que ce qui pourrait se passer sur les réseaux sociaux, dans l'actualité internationale ou dans les avancées technologiques. Cette concentration profonde sur vos objectifs crée un monde intérieur si dynamique et enrichissant qu'il devient une source de satisfaction et de sens, surmontant les distractions extérieures.

Lorsque vous atteignez le point où ce qui se passe dans votre vie est plus fascinant que tout ce qui se passe sur les réseaux sociaux, vous réalisez que vous rêvez au plus haut niveau que votre esprit vous permet. Cet état révèle que vous êtes sur la bonne voie pour réaliser quelque chose de grand, de gigantesque. Ce niveau de concentration et de dévouement n'est atteint que lorsque vous êtes véritablement engagé à développer votre plein potentiel. Vous êtes sur le point d'atteindre des objectifs importants et d'atteindre des niveaux de réussite extraordinaires.

# Deuxième partie Construisez votre carte

## Comment construire la carte

Dans la première partie, pratiquement tout ce qui s'est passé dans une étude de cas qui a conduit au succès avec une augmentation des ventes de 2000% sur une période de vingt mois a été détaillé. Nous allons maintenant nous concentrer sur la construction d'une carte, une méthodologie qui peut être appliquée dans différents contextes et cultures. L'objectif a été atteint, mais ce qui est vraiment essentiel est de faire comprendre au lecteur que vous pouvez également réaliser ce que vous avez décidé de faire, réaliser ce que vous avez décidé de faire est facile, déterminer que se lancer dans l'action est la chose complexe et où Ce sont les êtres humains qui perdent le plus de temps, notamment en manque de but, et finissent avec une vie qui pourrait briller.

Tout commence par un acronyme développé à partir de l'expérience, qui a permis de générer des idées claires pour enseigner à quelqu'un d'autre comment construire sa propre carte. Cet acronyme est Vbal, qui fait référence à : Vision, Objectifs, Activités à exécuter et Suivi.

Ces éléments sont essentiels pour élaborer un agenda de travail, produit d'une série de plans à exécuter pour passer du point A au point B.

Un Vbal complet se déroule sur une période de quatre ans, en utilisant l'analogie du cycle olympique. Tout comme les athlètes de haut niveau se préparent à donner le meilleur d'eux-mêmes et battent des records olympiques, dans votre entreprise et dans votre vie, vous planifierez d'obtenir ces résultats dans votre domaine. Chaque année est divisée en quatre plans à exécuter tous les trois mois, ce qui donne lieu à quatre microcycles par an, seize microcycles sur une période de 4 ans.

Vision : La vision est une déclaration à long terme qui décrit l'état futur souhaité d'une organisation, d'une entreprise ou d'un individu. C'est une image claire et inspirante de ce que nous voulons réaliser à l'avenir.

Objectif : un objectif est un objectif spécifique et mesurable qu'une personne, une organisation ou une entreprise s'efforce d'atteindre au cours d'une période de temps donnée. Les objectifs sont concrets et fixés pour mesurer les progrès vers la réalisation d'objectifs plus larges. Il s'agit d'énoncés clairs et définis qui décrivent ce que vous avez l'intention de réaliser et fournissent une orientation claire pour l'action et la concentration. Les objectifs sont réalisables et réalistes, et sont fixés avec des délais définis pour évaluer le succès et les progrès sur le chemin de la réalisation.

Activités à exécuter : Les activités à exécuter font référence aux tâches spécifiques et aux actions concrètes qui doivent être réalisées pour atteindre un objectif spécifique et atteindre le but proposé. Ces activités sont des actions planifiées qui font partie d'un processus ou d'un projet et sont conçues pour atteindre des buts et objectifs prédéfinis. Ils peuvent varier en complexité et en ampleur et sont souvent organisés en séquences logiques pour garantir une progression ordonnée vers l'obtention des résultats souhaités. Ces actions sont essentielles pour mettre en œuvre des stratégies, mener à bien des projets et atteindre les objectifs établis, et nécessitent une allocation appropriée des ressources et un suivi adéquat pour garantir leur exécution réussie.

Suivi : Le suivi fait référence au processus de suivi et d'évaluation des progrès vers la réalisation des objectifs établis et des activités à exécuter. Cela implique d'examiner régulièrement les performances, d'identifier les domaines à améliorer et d'apporter les ajustements nécessaires aux stratégies pour garantir que les progrès sont réalisés dans la bonne direction.

Dans le tableau Vbal sur trois mois, il y a un exemple pour référence, dans la première colonne se trouvent les jours de 1 à 90, et dans la première ligne se trouvent les activités à exécuter, aux extrémités se trouvent les pourcentages de conformité, qui doivent être à 100%.

Par exemple , l'activité 1 a été exécutée quotidiennement en atteignant 100 %, les activités suivantes se sont terminées avec 50 %, 30 % et 20 %. Au premier jour, les trois activités programmées ont été réalisées, aboutissant à un score de réalisation de 75%. Il s'agit de pouvoir effectuer un suivi quotidien des activités à réaliser. Un suivi correct garantit que les objectifs proposés sont atteints et donc la vision. Lorsque les activités proposées à exécuter ne sont pas aussi efficaces, elles sont modifiées, l'important est d'atteindre l'objectif, de meilleures idées peuvent soudainement apparaître et si une activité doit être modifiée, elle est modifiée pour atteindre les objectifs proposés.

La vision claire ou les rêves clairs de ce que vous voulez vraiment développer est la chose la plus difficile à faire dans la réalité, lorsque vous parvenez à clarifier ce que vous voulez, comment, au fil du temps, cela s'organise, vous n'avez pas besoin d'attendre pour avoir tout le réponses au début, au début la seule chose importante est d'être clair sur où l'on va, après des réflexions et des prières dans la foi et la gratitude, les idées les plus spectaculaires arriveront.

## « Il n'est pas nécessaire d'attendre d'avoir toutes les réponses au début »

Quand le Quoi ? Il est maintenant clair que la seule chose qui commence à être nécessaire est de déterminer les étapes à suivre, les activités à réaliser, ce qui doit être suivi. Pour cette raison, il faut faire face à la page blanche et commencer à écrire, en tenant compte des cette dernière comme la technologie maximale pour tout réaliser, maintenant que vous êtes déjà en exécution lorsque vous y pensez déjà quotidiennement, rêvant d'atteindre certains résultats, la clé sera toujours dans la prière que nous prions quotidiennement, car c'est une prière qui nous prions avec foi et avec conviction que cela va être réel, que cela va être possible et que dans un court laps de temps ou un laps de temps x, vous devez croire ce que vous demandez vraiment parce que nous nous souvenons que la parole dit nous "demandez et il vous sera donné".

| **CONSTRUCTION DE LA CARTE VBAL EN TROIS MOIS**<br>**1/16** |
|---|
| Vision : Consolider l'entreprise de distribution en tant que chaîne nationale, spécialisée dans la vente au détail et en gros d'une grande variété de produits non alimentaires. Avec des canaux de marketing virtuels pour atteindre un public diversifié et satisfaire ses besoins. |
| Objectif : Parvenir à vendre 10 000 USD par jour dans une ville de moins de vingt mille habitants. |
| Activités à réaliser :<br>1-Obtenez 10 000 USD de ventes quotidiennes.<br>2-Développer un canal de distribution en gros dans 32 communes proches<br>3-Obtenez 3 fournisseurs pour représenter vos marques dans la région<br>4-Avoir 20 clients par mois avec la stratégie Tras Tras Tras. |

| Jour | Activités à exécuter | | | | Oui<br>Le suivi |
|---|---|---|---|---|---|
| | 1 | 2 | 3 | 4 | |
| 1 | 1 | 1 | 1 | | 75% |
| 2 | 1 | 1 | | 1 | 75% |
| ... | 1 | 1 | | | 50% |
| 88 | 1 | | | | 25% |
| 89 | 1 | | 1 | | 50% |
| 90 | 1 | | 1 | | 50% |
| Oui | 100% | 50% | 30% | 50% | xx% |

Tableau 1 Vbal à trois mois.


Lorsque vous êtes dans un état entièrement concentré sur les rêves, il n'y a aucune raison d'être amer, d'être triste ou d'exprimer tout type de sentiment négatif, bien au contraire, puisque vous êtes toujours concentré sur la réalisation pratique de vos rêves ou de votre vision. l'entreprise, l'organisation, qui est destinée à se développer et dans ce cas, l'accent est simplement mis sur le travail, que petit à petit les idées de tel ou tel objectif de ce qu'il faut atteindre, se réaliseront petit à petit. .

Pendant que vous restez dans l'état d'attente, dans cet état dans lequel vous visualisez ce que vous voulez vraiment, l'énergie est complètement positive, l'énergie est agréable, l'énergie rayonne vers l'équipe de travail que vous dirigez. C'est génial parce que tout le monde autour de vous verra l'espoir que vous êtes absolument clair sur ce que vous voulez et comment cela va se développer, ou sur les idées clés, les stratégies clés pour y arriver, petit à petit elles arrivent. Dans l'exemple, l'objectif a été atteint en vingt mois, cela ne veut pas dire que l'idée brillante est arrivée à la fin de cette période, non, l'idée brillante est arrivée au troisième mois, et au fur et à mesure qu'elle est arrivée, elle a commencé à être exécutée.

L'exécution des activités est une partie extrêmement importante, car s'il y a une idée brillante, l'idée à un million de dollars, mais si rien n'est fait avec cette idée, alors rien ne se passera parce que la seule façon, la seule chose vraiment importante, c'est de c'est que cela peut être fait, exécuter les idées qui nous viennent à l'esprit, avec la bonne mentalité et la bonne attitude. Si ces idées sont travaillées en équipe, l'équipe de travail doit leur donner suffisamment d'énergie, assez d'informations pour qu'ils s'en responsabilisent et fassent couler l'idée, comme si c'était à eux de la comprendre, de la comprendre, de la réaliser. il coule, adopte en suivant les instructions de son chef.

Au début, les idées venaient vers trois heures du matin, complètement endormi, au repos et je n'imaginais pas que de cette façon les meilleures idées allaient arriver si tôt dans la journée. Comment il ne les a pas écrit, il ne les a pas écrit, quand il s'est réveillé il ne se souvenait pas quelle était l'idée, au milieu du sommeil c'était un peu difficile de se lever pour prendre des notes, pour pouvoir analyser l'idée à la lumière du jour. Cela s'est produit exactement à trois reprises, l'idée est venue, j'ai trouvé ça génial et le lendemain ou trace de l'idée, ce n'est que lorsque j'ai décidé de commencer à écrire dans un cahier et mon téléphone portable à côté de moi, pour prendre les notes respectives. .

Évidemment, rien ne se passerait si je ne les écrivais pas d'abord, et si je ne les écrivais pas, cette idée serait moins exécutée, donc au fil du temps, j'ai simplement pensé à quel point cette idée était bonne, mais je ne l'ai pas fait. faire n'importe quoi et c'était triste, très triste parce que j'avais le sentiment que c'était une idée brillante que j'avais eue, dormir la nuit et certains appellent cela l'esprit subconscient, mais nous, croyants, savons que c'est Dieu qui commence à manifeste, et commence à nous donner les idées clés pour réaliser ce que nous avons réellement proposé. Il est vrai aussi que les idées peuvent surgir à tout moment, j'ai fait l'expérience à la fois du sommeil et de l'éveil.

Pourquoi rappelons-nous et souvenons-nous est très important, commencez un instant à penser que vous dirigez une entreprise, que cette entreprise ne vend pas plus de 500 USD par jour, mais concentrez-vous sur cette entreprise qui déplace 10 000 USD par jour, alors que vous n'êtes même pas atteignant 500 $ USD.

Cela ne se trouvera pas dans le monde universitaire, dans les livres techniques, dans la planification, car tout simplement, la chose « correcte » est d'avoir une croissance de 5 %, 10 % d'année en année, ou tout d'un coup un peu plus de 20 %. %, mais une croissance comme celle obtenue nécessite un autre type de connaissances, c'est une croissance exponentielle, complètement irréaliste. Même la façon d'écrire cela ne peut pas être, disons, avec une autre base que la narration de quelque chose qui s'est passé, dont il n'y a pas le moindre doute, que si elle est mise en œuvre dans un autre contexte, dans une autre culture, dans une autre entreprise, avec une autre particularité, ce sera toujours le cas et lorsque les principes fondamentaux qui sont transmis dans ce chapitre pourront être mis en œuvre, il est tout à fait certain que vous pourrez obtenir les résultats les plus incroyables, que vous n'auriez jamais pu imaginer, où l'on finit par dire, " parce que Je n'ai pas rêvé plus grand."

Il reste donc à bien mettre en œuvre la méthodologie, qui est une méthodologie simple, qui pourrait facilement la rendre plus complexe, et qui pour le méthodologiste est adéquate de manière satisfaisante, et bien souvent nous remplissons des livres entiers, et la complexité des pages détermine si elle est écrit puis oublié ou non utilisé, c'est la simplicité comme le montre le tableau 1, ce qu'il cherche c'est de se concentrer sur ce qui est important d'un seul coup d'œil.

Les outils nécessaires pour atteindre de grands objectifs sont clairement définis avec l'acronyme Vbal, et la clé de ce processus est la RÉPÉTITION . Notez qu'au début, même si l'objectif était élevé, avec le temps et la clarté du but de l'organisation, tous se sont concentrés sur l'obtenir.

Cela se répétait quotidiennement à l'équipe de travail, avec l'exécution des activités, la confiance et la sécurité que cela allait être réalisé grandissaient, les résultats après des mois d'essais donnaient le résultat escompté. Ceux qui ont vu que c'était fou quand je priais le matin, demandant avec foi et gratitude parce que ce ne sont pas des choses normales, ce n'est pas normal que lorsque vous vendez moins de 500 $ US par jour, vous vouliez en vendre 10 000 $ alors rapidement, bien plus encore lorsqu'on atteint 10 000 USD, le nouvel objectif de relever la barrière à 100 000 USD par jour a été fixé, car un zéro fait ou contribue et permet de sortir complètement de l'état de confort et de ne pas se contenter de moins, s'il y a c'est seulement la capacité. Il s'agit de fixer un objectif et de commencer à travailler pour l'atteindre.

Une réflexion, que se serait-il passé si en me concentrant sur l'atteinte de 1 000 USD ou peut-être de 2 000 USD, j'aurais sûrement pivoté entre 1 000 USD et 2 000 USD, ce qui aurait été bien, je ne vais pas dire non, le seuil de rentabilité. Nous l'avons atteint avec 850 $ US, donc vendre entre 1 000 $ US et 2 000 $ US était une bonne chose.

Si l'approche avait été moins exigeante, les idées et l'exécution auraient également pu être moins exigeantes dans leur application. L'énergie qu'elle transmettait aurait été différente et c'est là que nous devons être clairs avec les entrepreneurs, c'est très différent lorsque vous poussez un chariot de glaces qui vend dans la rue, si vous sortez pour pousser ce chariot en sachant dans votre esprit que au moment où vous aurez, par exemple, un millier de chariots de glaces qui vendent dans différentes villes du pays, l'attitude est différente et le niveau d'effort est tel qu'à ce moment-là vous aurez envie de dire cette histoire.

Les gens qui vous écoutent, les gens qui vous voient, ceux qui vous voient déjà réussir voudront savoir ce que vous avez fait, comment vous l'avez fait, certains ne croiront jamais que vous êtes parti de zéro, mais la vérité est que dans le Au fur et à mesure que vous pratiquez, que vous faites ce type de planification, parce que c'est une planification qui se fait tous les trois mois, vous avez plutôt une idée, vous l'exécutez, et elle est complètement établie dans votre travail quotidien, et vous continuez le long du chemin. la prochaine idée et la prochaine amélioration et la prochaine amélioration, et si vous passez d'améliorations en améliorations, le moment viendra où les grands objectifs fixés deviendront une réalité.

Mais imaginez maintenant, il y a la personne qui pousse le chariot de glaces et le seul objectif qu'il a dans la journée, le seul objectif qu'il a le matin est d'avoir quelque chose pour le déjeuner, l'objectif de l'après-midi ou du coup payer le service public. , puis il sort de mauvaise humeur, dit pourquoi cette entreprise m'est tombée dessus, c'est pourquoi il n'y a plus d'opportunités, il sort en niant la vie. Il sort en niant les situations qui lui arrivent, il ne regarde pas la situation dans son ensemble car la vision que cette personne a est une vision qui ne lui permettra pas de grandir, mais s'il le savait, il se consacrerait à l'utiliser. méthodologie ou similaire, Un jour, il pourra avoir une entreprise avec mille succursales par exemple, comme il est fier et heureux et son estime de soi à travers le toit, en pensant à continuer à se développer ou dans une autre entreprise, dans un autre secteur, Les principes sont les mêmes.

Comment l'image de soi est élevée, comment cet élan est déclenché, si cette personne croyait qu'elle allait vraiment y parvenir, parce que la seule raison pour laquelle elle n'y parviendra pas est parce qu'elle n'y a pas pensé parce que de la vision qu'il a.

Obtenir ces magnifiques résultats n'est donc rien d'autre que de se concentrer sur l'obtention de ce type de résultats, en suivant la méthodologie qui est possible, et nous devons ici atteindre de grands objectifs.

## "Il ne savait pas que c'était impossible, il l'a simplement fait."

## Comment maintenir une mentalité de gagnant

La mentalité de gagnant s'acquiert en se concentrant toujours sur la vision que nous avons, et non sur le fardeau que nous portons. Nous devons toujours nous concentrer sur la vision, sur le rêve que nous aspirons à réaliser, et non sur la charge de travail, l'épuisement physique ou mental. Garder notre concentration sur où nous voulons être et ce que nous voulons réaliser nous donnera l'énergie nécessaire pour travailler dur et de manière cohérente lorsque notre esprit est frais et dans un cycle de pensée positif.

C'est tout à fait normal, puisque nous sommes des humains et que notre émotivité connaît des rythmes qui peuvent affecter positivement ou négativement nos activités quotidiennes. Au fil du temps, ces rythmes peuvent se disperser, permettant à la procrastination de s'installer et à tout obstacle de nous détourner du véritable objectif. Il est facile de travailler quand on est excité, concentré ou quand tout va bien dans notre vie, mais pour le moment, je dois être clair : nous devons nous habituer à travailler, peu importe ce qui se passe autour de nous.

Des situations vont exister pour tout le monde, et ce dont nous avons vraiment besoin, c'est de nous concentrer sur ce que nous voulons. Un travail acharné, constant et inlassable est essentiel. Vous devez développer une telle résistance que pratiquement rien ne vous abattra : ni la rupture d'une relation amoureuse, ni aucune situation que vous traversez, ni les moments douloureux que vous pourriez vivre. Rester ferme face à l'adversité est essentiel pour atteindre vos objectifs.

Nous ne pouvons pas attendre que tout se déroule de la meilleure façon dans notre vie pour commencer à agir, entreprendre et gravir la montagne de nos rêves les plus désirés. Vous ne pouvez pas attendre que tout soit parfait. Même dans les moments de plus grande adversité, au milieu de la douleur et des difficultés, si vous vous trouvez dans l'un de ces moments, comprenez d'abord que vous n'êtes pas le seul. Laissez-moi vous dire que si vous vous concentrez, vous serez victorieux. Ne laissez pas les situations vous abattre.

Connectez-vous à vous-même et recherchez toute votre énergie dans les rêves que vous souhaitez réaliser. Imaginez ce que vous ressentirez lorsque vous réaliserez ces rêves, comment vous sourirez même au milieu de l'adversité. Je me souviens par exemple du film "Miraculous Hands", qui raconte l'histoire du Dr Ben Carlson interprété par Cuba Gooding Junior. Malgré la perte de ses propres enfants à un moment difficile de sa vie, le film met en lumière l'attitude, la volonté et le service du médecin pour remplir sa mission, affrontant l'adversité avec courage. Assister à une naissance.

Je ne sais pas si c'est une règle générale, mais quand on décide de faire quelque chose de grand, on se heurte à des obstacles. Ces obstacles peuvent vous retenir ou devenir des marches que vous gravirez sur l'échelle du succès, comme escalader une montagne. Si vous parvenez à surmonter chaque problème, chaque inconvénient et chaque situation qui se présente dans votre vie, vous aurez atteint le monde merveilleux de la croissance humaine.

Si vous ne laissez aucun obstacle vous abattre, vous serez prêt à relever tous les défis qui se présenteront à vous. Chaque fois que vous surmontez un obstacle, un autre peut surgir, mais en le surmontant, vous vous préparerez à des objectifs plus ambitieux et à des rêves plus incroyables. Si vous laissez le premier obstacle ou situation vous renverser, cela indique que vous n'êtes peut-être pas prêt à faire face à de plus grands défis. Surmonter les obstacles est une décision, et le choix que vous devez faire est d'avancer, d'avancer et de consolider tout ce que vous voulez et possédez.

Sur le chemin, il y aura des gens qui seront à nos côtés dès le début, d'autres qui apparaîtront sur notre chemin alors que nous construisons déjà ce que nous voulons, et il y aura aussi ceux que nous ne connaissons même pas encore. Certains croiront en nous, tandis que d'autres proches de nous pourraient douter. Cependant, l'essentiel n'est pas qu'ils croient en vous, mais que vous croyiez en vous-même. Concentrez-vous sur ce que vous croyez vraiment pouvoir réaliser et convainquez-vous de ce que vous êtes et de ce que vous avez. Alors continuez et ne vous laissez décourager par rien.

L'action guérit la peur, l'inaction nourrit la peur paralysante qui ne nous permet pas d'avancer, au lieu de rester immobiles, agissez, lorsque l'adversité vous rend visite, sachez que ce n'est qu'une épreuve que vous réussirez également. Revoyez vos rêves, priez Dieu pour que tout vous soit possible.

## Comment améliorer

Absolument, c'est une perspective précieuse. L'idée selon laquelle tout ce qui est mesuré peut être amélioré reflète l'essence d'une évolution continue. En tant que civilisation, nous avons démontré une capacité constante à améliorer la manière dont nous accomplissons nos tâches et la manière dont nous abordons les défis. La mesure et l'évaluation sont des outils essentiels pour ce processus d'amélioration continue.

## Vision

Comment améliorer la vision ? Comment faire transcender la vision ? Comment rendre la vision actuelle de l'entreprise passionnante et stimulante, en encourageant une croissance continue et un développement constant de l'entreprise ? La question centrale est de savoir comment rendre cette vision absolument claire, afin que tous ceux qui travaillent dans votre environnement ressentent cette énergie positive de contribuer à quelque chose de grand.

La clé est de travailler sur quelque chose de grand et d'innovant. Il faut être tellement convaincu de la vision qu'en la partageant avec l'équipe, ils se sentent partie intégrante de quelque chose de significatif et de transcendantal. Un secret fondamental dans les relations humaines est que nous recherchons tous la reconnaissance.

Alors la question se pose : qu'est-ce qui est mieux ? Je leur ai dit : travailler comme cadre intermédiaire dans une grande entreprise multinationale ou collaborer sous la direction de quelqu'un prêt à atteindre la cour des grands ? Tout le monde répond avec enthousiasme : "Bien sûr, nous voulons accéder à la cour des grands." Car, en fin de compte, il est crucial d'apprendre à inspirer notre équipe.

Lorsque vous embauchez du personnel, vous acquérez non seulement du travail, mais aussi l'intellect et l'émotivité de chaque individu. En fait, cette dernière constitue le levier le plus fascinant auquel on puisse accéder, surtout lorsqu'elle se concentre sur le développement des capacités et du potentiel des collaborateurs. C'est dans la sphère émotionnelle du personnel que se déclenchent les résultats vraiment fantastiques.

Pour constituer une équipe extraordinaire, il est essentiel d'apprendre à travailler avec les capacités individuelles et, avant cela, d'affiner et de clarifier la vision. Il est crucial que chaque membre de l'équipe soit intégré dans un objectif spécifique qui transcende les parties individuelles, générant ainsi un impact bien plus important.

La vision projetée de l'entreprise ou de l'activité dans laquelle on est impliqué doit être contagieuse. Les employés doivent se sentir extraordinairement heureux et honorés d'avoir eu le privilège de vous connaître et de travailler avec vous, se considérant comme l'un des hommes d'affaires les plus remarquables. Personne n'aspire à travailler avec ceux qui se trouvent au bas de l'échelle, car ceux qui le font attendent simplement l'opportunité de passer à une autre entreprise. Même les meilleurs talents du marché sont attirés lorsque l'accent est mis sur une vision parfaitement claire.

Une recommandation d'exercice à cet égard serait de consulter les biographies d'éminents professionnels dans le même domaine. Par exemple, si vous êtes médecin, explorez les biographies de médecins renommés ; Si vous êtes ingénieur, plongez-vous dans les expériences d'ingénieurs hors du commun ; et si vous êtes avocat, apprenez-en davantage sur les leaders du domaine juridique. Dans chaque profession, il existe une « grande ligue » ou des « Champions » dans lesquels concourir. Chaque domaine compte des compétitions et des concurrents de premier plan, et il est essentiel d'explorer qui sont ces meilleurs leaders de votre ligue pour vous inspirer et vous guider.

Il est essentiel d'identifier qui est actuellement au sommet dans votre domaine professionnel et de comprendre les raisons de sa pertinence. Enquêtez sur leurs réalisations, leurs bonnes et mauvaises décisions, ainsi que leur processus de formation. Dans le commerce, par exemple, rencontrer des personnalités comme Sam Walton de Walmart peut constituer une source d'inspiration précieuse.

Si vous avez déjà étudié un domaine et découvrez que ce n'est pas votre meilleure option, n'hésitez pas à chercher d'autres alternatives et possibilités. Les biographies offrent une excellente source d'informations pour affiner votre vision en permettant une compréhension plus approfondie du chemin suivi par ceux qui ont atteint le sommet dans votre domaine d'intérêt.

L'expression **« SUR LES ÉPAULES DES GÉANTS »** est vraiment puissante. Attribué à Isaac Newton, il résume la reconnaissance des plus grands esprits qui ont précédé votre domaine. Cette expression symbolise l'idée que nos connaissances et nos réalisations reposent sur les apports et les fondations solides posées par ceux qui nous ont précédés. En reconnaissant la grandeur de ceux qui l'ont précédé, il souligne l'importance d'apprendre des expériences et des réussites de ceux qui ont ouvert la voie, permettant ainsi aux connaissances et aux progrès de continuer à croître. C'est un rappel de la dette intellectuelle et du respect envers ceux qui ont laissé un héritage dans la discipline que nous poursuivons.

Étudier le travail de grands esprits dans un domaine spécifique est crucial pour comprendre leurs contributions, identifier où se situe actuellement la frontière de la connaissance et déterminer comment faire le prochain bond en avant. L'analyse de leurs réalisations met en lumière les innovations et les découvertes qu'ils ont faites. En comprenant l'évolution des connaissances dans ce domaine, des opportunités peuvent être identifiées pour apporter une contribution significative.

L'objectif est de transcender les limites existantes et d'avancer vers de nouvelles frontières. Cette approche implique non seulement d'absorber les connaissances actuelles, mais aussi de les remettre en question, d'explorer des domaines inexplorés et de rechercher des connexions inattendues. Ce faisant, une vision unique et profonde peut être forgée dans son domaine préféré, traçant une voie à suivre qui non seulement s'appuie sur ce qui est connu, mais recherche également l'innovation et le progrès. Ce processus d'étude et de réflexion est essentiel pour ceux qui aspirent à contribuer de manière significative et créative à leurs domaines respectifs.

En effet, à titre d'exemple : l'enfant qui aspire à devenir footballeur est très pertinent. Dans le domaine du football, les biographies des meilleurs joueurs offrent une riche source d'apprentissage. En étudiant les expériences des 10 meilleurs footballeurs, les jeunes peuvent acquérir de précieuses leçons sur la discipline, le dévouement et les défis auxquels ils ont été confrontés au début de leur carrière.

Ces biographies donnent non seulement un aperçu des tactiques et des compétences techniques qu'ils ont développées, mais également de l'état d'esprit et de l'approche qu'ils ont adoptés dès leur plus jeune âge. Les jeunes peuvent découvrir l'importance de travailler dur, de surmonter les obstacles et de persévérer dans la poursuite de leurs objectifs.

En bref, l'étude des biographies de grands footballeurs non seulement inspire, mais fournit également des conseils pratiques pour développer des compétences et construire une mentalité de gagnant dès le plus jeune âge. Ces connaissances partagées peuvent être une source précieuse de motivation et de conseils pour les footballeurs en herbe.

Développer une vision d'entreprise est un processus fondamental pour le succès à long terme. L'analyse comparative est sans aucun doute un outil précieux dans ce contexte. Il existe deux types spécifiques d'analyse comparative qui peuvent contribuer de manière significative à la formation d'une vision : l'analyse comparative concurrentielle et l'analyse comparative générique.

Benchmarking concurrentiel : il s'agit d'étudier et d'analyser les pratiques et les résultats d'entreprises concurrentes directes dans le même secteur ou industrie. Il vous permet d'identifier les forces et les faiblesses des concurrents, de comprendre les tendances du marché et de découvrir des opportunités d'amélioration. Cette approche aide l'entreprise à se positionner stratégiquement et à se différencier de la concurrence.

Analyse comparative générique : se concentre sur la comparaison des processus et pratiques internes avec des entreprises d'autres secteurs qui présentent les meilleures pratiques dans des domaines spécifiques. Facilite l'identification des domaines d'amélioration interne, favorisant l'efficacité et l'innovation. En adoptant les meilleures pratiques, l'entreprise peut aligner ses processus sur ses objectifs stratégiques, contribuant ainsi à la vision à long terme.

Les deux approches d'analyse comparative sont utiles pour développer une vision commerciale. En apprenant de la concurrence et en évaluant en interne les pratiques les plus efficaces, une entreprise peut ajuster son approche stratégique et opérationnelle pour parvenir à une vision plus claire et alignée sur ses objectifs à long terme.

Dans le cas d'un chirurgien prestigieux par exemple, il s'agit de trouver les meilleurs dans le domaine et de comparer tous les résultats. La différence d'approches peut conduire à des améliorations mutuelles. En analysant vos études, processus et procédures, ainsi que les défis auxquels vous avez fait face, vous obtenez une feuille de route qui indique quels aspects peuvent être améliorés pour atteindre de hauts niveaux d'excellence. Le médecin peut être comparé à la société Boeing, Google, Amazon ou Apple. Travailler avec une grande entreprise peut propulser votre entreprise ou votre profession vers de nouveaux niveaux.

Quel est l'héritage dont vous souhaiteriez qu'on se souvienne ? Cette question, posée dans le cadre d'un séminaire, aide la vision à acquérir l'empreinte de la transcendance.

Si vous travaillez dans n'importe quel type d'entreprise ou d'industrie, le processus est exactement le même : la comparaison, la définition de l'endroit où vous voulez aller et le début du raffinement de l'idée. Il est crucial d'établir et de décrire la vision avec une clarté absolue. En même temps, il est essentiel d'avoir la capacité de persuader l'équipe et les gens autour de vous, ceux qui croient en vous et vous observent au quotidien, que vous êtes le leader idéal pour les amener d'un point A à un point B dans une période. de temps.certain. Cette période de temps donnée devient la fenêtre pendant laquelle l'entreprise, l'entreprise ou la profession peut réaliser quelque chose de vraiment grand, quelque chose d'une réelle importance.

J'ai eu l'occasion de travailler aussi bien avec des professionnels qu'avec des personnes qui ne le sont pas. D'après mon expérience, je peux affirmer que lorsqu'un leader a une clarté absolue sur la direction qu'il prend, le personnel qui l'entoure commence à travailler de manière extrêmement intéressante, générant des résultats exceptionnels. Ce phénomène est étonnant, car il permet de réaliser tout le processus de transformation d'un individu pour atteindre son potentiel maximum. Il facilite la croissance personnelle, l'expansion et le développement continu, encourageant chaque personne à devenir plus grande en termes d'estime de soi et d'image de soi. Cela se traduit par une équipe soucieuse de se former constamment, qui apporte des idées pour simplifier les tâches et qui augmente l'efficacité de manière surprenante. Chacun devient partie intégrante de la vision, contribuant à un environnement de travail proactif et collaboratif.

N'oubliez pas que tout le monde veut être à côté du gagnant ; Personne n'aspire à faire partie de la dernière entreprise de la liste, mais plutôt de la première ou de celle qui aspire à l'être. Au fond, tous les êtres humains veulent faire partie de quelque chose de grand. Parfois, nous sommes déjà au sein d'une entreprise renommée, mais à d'autres occasions, nous devons entrer et travailler avec dévouement, contribuant ainsi à ce que la vision de l'entreprise avec laquelle nous collaborons atteigne la grandeur. Il s'agit de faire de gros efforts et de contaminer le personnel qui nous entoure afin qu'il contribue également à la croissance et à la grandeur de l'entreprise.

Avec ces idées, vous pourrez entrevoir la direction dans laquelle emmener l'entreprise ou le métier. Quelle est la prochaine étape? Il peut s'agir d'une expansion du marché, d'une plus grande innovation de produits, de la recherche de nouveaux et meilleurs fournisseurs ou même de l'exploration d'un nouveau secteur d'activité. La clé est d'évaluer soigneusement les opportunités et les défis qui se présentent et de prendre des décisions stratégiques alignées sur la vision et les objectifs de croissance que vous vous êtes fixés. Ce processus implique une analyse approfondie et une planification détaillée pour garantir la réussite de la prochaine phase de développement.

Finalement, quelle est votre vision et quel est l'héritage ?

## Objectifs

Les objectifs se perfectionnent avec l'expérience et le temps. À mesure que nous apprenons à nous fixer des objectifs élevés, notre être et tout notre potentiel intérieur commencent à travailler en harmonie avec ces aspirations. Lorsque les objectifs sont modestes et insignifiants, nous manquons d'énergie et de motivation pour les atteindre.

En général, nous voulons que nos objectifs soient réalistes ; Cependant, ce livre suggère quelque chose de différent : que les objectifs doivent être complètement irréalistes, presque impossibles. Comme le dit l'adage populaire, il faut viser la lune pour atteindre la montagne. La vérité est que ce n'est que lorsque nous nous concentrons sur la réalisation de ce qui semble inaccessible et que nous poursuivons cet objectif avec détermination que nous pouvons y parvenir. En allant vers ce qui est difficile, ce qui paraît réaliste devient facile à réaliser. Lorsque nous nous fixons des objectifs qui semblent impossibles à la plupart et que nous les atteignons néanmoins, nous vivons quelque chose de merveilleux : nous commençons à grandir en tant qu'êtres humains.

Les objectifs doivent être irréalistes et doivent être continuellement ajustés. Lorsque nous atteignons un objectif, il est crucial de fixer le suivant. Dans l'exemple que nous avons exploré tout au long du livre, le premier objectif aurait pu être de 1 000 USD, 2 000 USD ou 3 000 USD, mais il a finalement été fixé à 10 000 USD. Lorsque nous nous sommes approchés de ce chiffre, l'objectif irréaliste a été immédiatement porté à 100 000 $ US. Étonnamment, les idées qui ont émergé pour mener à bien ces activités se sont concentrées sur l'atteinte de ventes de 100 000 USD par jour. J'ai même compris comment gagner 32 000 $ US en une journée.

Cela implique que si nos objectifs dans la vie sont modestes, les idées générées par notre esprit, par le cerveau humain, seront également limitées, destinées à de petites choses. Cela n'a aucun sens pour l'esprit de générer l'idée de vendre 100 000 USD par jour alors que l'objectif réel est de 1 000 USD. En termes de temps, nous disposons tous des mêmes vingt-quatre heures par jour, la majorité passant huit heures au repos et seize heures pour nos activités quotidiennes.

La différence de résultats entre les personnes réside dans le niveau des objectifs qu'elles se fixent. Il est donc essentiel d'apprendre dès le départ à se fixer des objectifs totalement irréalistes, malgré l'idée répandue selon laquelle les objectifs doivent être réalistes. Ce n'est qu'en dépassant des objectifs qui semblent inaccessibles que l'on acquiert l'autorité de dire : « Si je pouvais le faire, vous le pouvez aussi. Il est crucial de comprendre qu'atteindre un objectif irréaliste prend du temps. Cet aspect du temps est ce que j'ai partagé tout au long de ce texte, et si cela avait pris trois fois plus de temps, cela en aurait quand même valu la peine.

## Activités à réaliser

Les activités à réaliser sont des idées qui peuvent surgir au quotidien. Les idées initiales que vous pourriez avoir pour atteindre vos objectifs évolueront et s'amélioreront au fil du temps. Lors du processus d'idéation initial, il est possible qu'en aussi peu que huit jours, et encore moins de temps, au milieu d'un ou deux mois, les activités nécessaires pour atteindre vos objectifs subissent des modifications ou complètent certains aspects. Au fur et à mesure de votre progression, générez de nouvelles idées dans l'ensemble des activités à développer, et chacune d'elles se réalise. Si vous formez des équipes pour les exécuter, vous pouvez consolider les talents humains sans avoir besoin de votre présence constante. En formant des groupes orientés vers des objectifs précis, chaque équipe répond à un objectif établi. Des stratégies et des idées émergent pour être exécutées et, à mesure que vous les mettez en pratique, vous perfectionnez les nouvelles idées.

L'un des secrets que j'ai découvert et compris était le pouvoir de la prière à Dieu. Au début, les idées qui émergeaient ne permettaient pas une croissance suffisante, mais au fil du temps, de grandes idées ont commencé à arriver, principalement la nuit, très tard. Ce sont ces idées qui ont provoqué le grand changement. Au départ, je me serais épuisé en essayant de trouver toutes les idées que j'ai finalement mises en œuvre.

D'après ma propre expérience, je sais que ces idées viendront. La seule chose cruciale, ce qui a fait la plus grande différence dans le processus, était d'avoir une clarté absolue sur ma direction et ce que je devais faire. Le rêve ou la vision était de créer une entreprise ayant une présence nationale. Cependant, le premier objectif que je me suis fixé était de vendre 10 000 $ US par jour, un objectif ambitieux. Il savait que s'il pouvait vendre cette somme dans une ville de moins de vingt mille habitants, il était destiné à de grandes choses. Fixez-vous de grands objectifs dans votre esprit. Lorsque vous les réalisez, vous vous demandez pourquoi vous ne vous êtes pas lancé dans quelque chose d'encore plus grand, et c'est là le point.

Imaginez un instant que toutes les grandes idées vous viendront en même temps, à quel point il serait difficile et écrasant pour elles de toutes arriver en même temps, les ressources et la capacité de les exécuter seraient très écrasantes, ce qui pourrait même générer une désertion de l'intentionnalité. Donc les idées, au fur et à mesure qu'elles s'exécutent et se perfectionnent au fil du temps, arrivent dans la mesure progressive de ce dont on a besoin, cette mesure de perfection, je ne sais pas exactement ce que c'est, mais j'ai vu que ça marche. Le premier jour, toutes les idées ne sont pas arrivées, ni le jour 20. Pendant toute la période, les meilleurs apprentissages qui ont fonctionné arrivaient.

Ainsi, les idées viendront, elles couleront, et la bonne exécution de chacune d'entre elles est cruciale. Il ne suffit pas de simplement dire à l'équipe de travail quoi faire ; Il faut donner l'exemple, inspirer et montrer que l'idée fonctionne. Parfois, même si vous expliquez l'idée à l' équipe, il se peut qu'elle ne la comprenne pas complètement. Il est donc essentiel de surveiller en permanence : comment ça se passe ? Que pensez-vous de l'idée ? L'exécutent-ils ? Quels défis sont apparus ? Face à ces problèmes émergents, il est essentiel d'apporter des solutions immédiatement. Tout doit couler et se consolider progressivement pour réaliser ces grandes idées que vous recherchez vraiment.

Maintenant, prenez le temps. Bien souvent, nous sous-estimons le travail qui peut être accompli en 20 mois et surestimons ce qui peut être réalisé en une semaine ou un mois. Lorsqu'on parle d'objectifs ambitieux, il est courant de les interpréter mal, en pensant qu'ils peuvent être atteints en peu de temps. Je veux être très clair : il faut beaucoup de temps pour atteindre des objectifs ambitieux. Pour fixer des objectifs élevés, vous devez générer un ensemble d'idées diverses qui permettront une action multiforme. Ce processus implique d'attaquer sur tous les fronts et d'évaluer quelle est la meilleure idée. Il est crucial de passer au crible et de déterminer qui, dans votre équipe, peut l'exécuter le plus efficacement. Ce discernement est essentiel pour mener à bien et réaliser ces objectifs ambitieux.

## Le suivi

Vous pouvez sûrement écrire le modèle VBAL complet. Lorsque vous l'aurez terminé, vous vous direz : « Je l'ai fait ! et vous ressentirez un sentiment de satisfaction. Vous ressentirez de la joie d'avoir une carte mentale claire, brève, compréhensible et gérable. Les idées coulent. Jusqu'à présent, tout cela aurait pu être un exercice académique, et vous auriez pu obtenir une note parfaite sur une feuille de calcul dès votre première planification de trois mois. Vous auriez même pu prolonger la planification sur une année complète, même si je ne le recommande pas. Il est nécessaire de consacrer du temps à votre esprit, à votre équipe de travail et à votre connexion avec Dieu afin que vous puissiez générer les meilleures idées. La suite que vous donnez aux idées que vous avez déjà eues est cruciale pour apporter un retour d'expérience au quotidien. Vous aviez décidé de vendre 10 000 USD en une journée, et que s'est-il passé aujourd'hui ? Vous avez vendu 400 $. Eh bien, passons à l'idée et à la stratégie suivantes, sans nous démoraliser et en évitant les pensées négatives. Un feedback constant est essentiel pour un succès continu.

Les pensées négatives sont nocives et ont tendance à apparaître au moment où on s'y attend le moins. C'est triste, mais c'est la réalité : les pensées négatives peuvent transformer de grandes idées en immenses étagères que nous ne pouvons même pas voir, les reléguant dans les cimetières des idées d'hommes qui auraient pu être grands dans divers domaines. Beaucoup d'entre eux n'ont pas eu accès à une méthodologie comme celle que le lecteur explore en ce moment, une méthodologie qui leur donne la certitude et la sécurité que, s'ils se concentrent et se déterminent, ils pourront réussir.

La clé à l'heure actuelle est donc de déterminer et de suivre avec précision ce qui s'est passé chaque jour et chaque semaine. Qui devient plus fort grâce à cette idée ? Qui dans l'équipe est attaché à l'idée ? Comment puis-je améliorer l'idée qui est déjà mise en pratique ? L'idée quatre génère-t-elle les résultats escomptés, voire dépasse-t-elle les attentes ? Maintenant, comment profiter de ces nouvelles connaissances pour perfectionner les autres idées ? Aussi, il est essentiel d'identifier les ressources nécessaires à chaque idée, puisque chacune représente une activité qui doit être exécutée. Souvent, on peut avoir une bonne idée mais ne pas la mettre en œuvre, et c'est là que l'opportunité est perdue. La clé du succès dans ce métier, si vous me demandez ce qui est le plus important, c'est le suivi quotidien. Chaque matin, prenez un moment pour revoir votre vision, vos objectifs, les activités à exécuter et les résultats obtenus. Il ne s'agit pas seulement de le faire, mais de s'assurer que les résultats obtenus sont conformes aux attentes. Si vous y parvenez, vous êtes sur la bonne voie vers le succès que vous recherchez.

Apprenez également à déléguer. Impliquez votre équipe dans l'ensemble du processus, en lui permettant de comprendre et de participer au suivi. Il enseigne la méthodologie pour qu'ils puissent réaliser leur propre suivi et apprendre à le faire entre eux. Demandez à votre équipe : « Comment se déroule la stratégie numéro un ? » ou "Comment s'est déroulée la stratégie numéro deux ?" Découvrez leurs expériences et leurs défis. Il encourage les échanges entre eux, générant un dictionnaire d'objections pour gérer les différentes raisons pour lesquelles les clients peuvent rejeter un produit. Ce dictionnaire est le journal, les connaissances organisationnelles et la sagesse que votre équipe accumule pour faire face à diverses stratégies. Investir dans la formation constante de votre équipe pour améliorer ses stratégies crée une équipe consolidée, prête et disposée à aborder les objectifs et stratégies futurs.

Enfin, il convient de le souligner et de le mettre en gras car c'est le plus important : **LE SUIVI** . S'il n'y a pas de suivi, tout ne reste qu'un exercice académique, un travail dans lequel on a investi du temps, une journée, une heure ; Vous avez créé quelque chose de beau sur une feuille de papier vierge, mais si vous n'y suivez pas chaque jour, si vous n'y pensez pas quotidiennement et si vous ne priez pas Dieu avec gratitude et foi, en lui demandant de aidez-vous, vous bénissez, vous éclairez, donnez la sagesse et l'intelligence pour réaliser ces idées, le résultat peut simplement être différent.

## Surmonter les obstacles et les défis

En règle générale, lorsque les êtres humains se fixent de grands défis et se fixent de grands objectifs, ils se heurtent toujours à des obstacles. La meilleure façon de surmonter ces obstacles est de comprendre qu'ils seront présents pour tout le monde et qu'il y aura toujours des défis. Les obstacles peuvent être comparés à une série de marches ascendantes. Chaque obstacle surmonté, chaque défi résolu, permet non seulement d'avancer, mais contribue également à la croissance de l'estime de soi, de l'image de soi et de la crédibilité envers soi-même. De cette façon, chaque amélioration vous pousse à continuer de grandir.

Henry Ford : a fait face à des défis technologiques et financiers lors de l'introduction de la production de masse d'automobiles ; Steve Jobs : Surmonté l'adversité et les premiers échecs pour transformer Apple en l'une des principales entreprises technologiques au monde ; Elon Musk : A fait face à de nombreux défis à la tête d'entreprises comme Tesla et SpaceX, allant des problèmes de production aux défis technologiques liés à l'exploration spatiale ; Jeff Bezos : a construit Amazon à partir de zéro, en surmontant les défis financiers et opérationnels pour en faire le géant du commerce électronique qu'il est aujourd'hui ; Walt Disney : A fait face à de nombreux échecs et difficultés financières avant de fonder l'empire du divertissement qui porte son nom.

Définir les obstacles, c'est reconnaître que nous serons tous confrontés, à un moment donné de notre vie, à des défis constants. La clé est de les surmonter sur notre route. C'est comme un train à grande vitesse qui rencontre des pierres sur son passage ; Si la force et la puissance du charbon qui alimente votre cheminée sont suffisantes, l'obstacle sera tout simplement surmonté. Lorsque le rêve et la vision de votre entreprise sont clairs, les obstacles n'existent techniquement pas. Ce sont plutôt des opportunités d'amélioration et de croissance, des maîtres du destin qui nous enseignent de nouvelles compétences et capacités que nous devons développer. Regarder les obstacles de manière positive nous permet de les considérer comme des alliés dans notre croissance. Nous ne devrions jamais considérer un obstacle comme la fin du chemin ; ils sont plutôt là pour nous pousser à grandir. Personne ne peut être à l'abri d'obstacles ou de défis. Il est donc essentiel de développer l'intelligence émotionnelle pour y survivre.

Dans le monde des affaires, il y aura des obstacles financiers, commerciaux, de production, juridiques et bien d'autres encore. La liste des obstacles possibles est infinie, mais en les considérant comme des opportunités de croissance pour nous et notre équipe, chaque défi devient une opportunité de développer les connaissances organisationnelles et d'ouvrir les portes à d'excellents résultats. Alors, si votre but dans la vie est de grandir, bienvenue dans le monde fascinant de surmonter les obstacles !

Si vous regardez la scène des plus grandes entreprises du monde ou même les professionnels qui ont atteint les plus hauts sommets dans leur domaine, vous vous rendrez compte que la seule différence entre eux est le nombre d'obstacles qu'ils ont rencontrés. Les obstacles sont des courses destinées à perfectionner votre personnage et à perfectionner vos compétences, ainsi que les compétences et le caractère de votre équipe.

## Cultivez des habitudes positives et productives

Dans cette méthodologie, l'habitude quotidienne de prier, l'habitude quotidienne de revoir les plans et la vision que nous avons, et l'habitude quotidienne de répéter la mission ou l'objectif que je dois accomplir. Cet objectif devient une obsession, il faut y penser tous les jours, en gardant l'esprit et l'équipe concentrés sur la manière de l'atteindre et de le dépasser. Rien n'est utile si nous ne nous fixons pas un objectif et n'y réfléchissons pas avant 6 mois. Avec cette méthodologie, l'idée est de revoir l'objectif quotidiennement pour s'en rapprocher de plus en plus, en se rappelant que les rêves et la vision de l'entreprise se réalisent en approfondissant les objectifs quotidiens.

Dans cette méthodologie, quatre microcycles sont générés par an, ce qui conduit à seize microcycles en quatre ans. Cette abondance de plans et d'activités exécutées peut permettre d'obtenir d'excellents résultats grâce à un travail continu et persistant sans abandonner. Même si les activités à réaliser peuvent évoluer avec le temps, les objectifs doivent rester constants. L'objectif doit avoir une date exacte à atteindre, et s'en préoccuper, y penser constamment, même à l'heure du coucher, peut générer des idées spectaculaires à atteindre.

Dans le processus, il est essentiel de modifier l'objectif une fois atteint pour éviter la complaisance et continuer à avancer. La méthodologie est basée sur le passage d'un point A à un point B, le remplissage et la diffusion d'habitudes positives, comme le suivi quotidien de vos progrès. Tracer et réviser quotidiennement vos objectifs et votre feuille de vision vous donnera un cadre mental que vous aimez, vous rappelant où vous voulez aller. La foi en vous-même et la confiance en Dieu sont essentielles pour maintenir votre énergie et la conviction que vous réaliserez ce que vous proposez. La méthodologie cherche à établir des habitudes positives qui vous permettent de construire et de construire ce que vous proposez.

## Relations et réseaux de soutien

Il est extrêmement important d'établir des relations et des réseaux de soutien tout au long de votre parcours. En chemin, vous vous rendrez compte que les contacts sont essentiels pour atteindre les clients, les fournisseurs et de nouvelles opportunités. Les personnes que vous connaissez peuvent devenir les moteurs et les promoteurs de votre entreprise. Apprendre à se connecter positivement avec eux, à faire bonne impression, est crucial pour qu'ils deviennent de véritables réseaux de soutien qui vous aident à consolider votre entreprise et votre projet.

Ils apportent leurs connaissances et leur expérience. Par exemple, si vous avez l'occasion de discuter avec un entrepreneur à succès et de lui présenter votre projet, il pourra en quelques mots vous guider. Parfois, tout ce dont nous avons besoin est un mot d'encouragement ou de sagesse pour surmonter les obstacles et grandir plus vite. Nous vivons dans un monde interconnecté, où une intelligence infinie se développe quotidiennement. Collaborer avec des esprits brillants génère des changements incroyables dans le monde.

Il est essentiel d'apprendre à entrer en contact avec les meilleurs dans votre domaine et avec les autres. Explorer de nouvelles façons de penser et rechercher l'inspiration dans différents domaines peut stimuler la croissance de votre entreprise ou organisation. La Bible, par exemple, est un livre merveilleux qui contient une sagesse incommensurable et transcende tous les âges et tous les défis. Relier cette sagesse aux défis et obstacles de votre entreprise peut fournir des conseils précieux à toutes les étapes et sphères de votre organisation.

## Célébrer et apprendre

Il est essentiel de se rappeler l'importance de célébrer les réussites, aussi petites soient-elles. N'oubliez pas de célébrer chaque réussite, de féliciter votre équipe et de devenir son plus grand promoteur. Pensez également à vous féliciter, d'autant plus que vous ferez face à des défis lorsque vous visez de grands objectifs, comme le propose ce livre. Le processus pour atteindre des objectifs ambitieux implique des heures de réflexion sur la manière de surmonter les obstacles et de consultation avec des professionnels de divers domaines. À chaque réalisation, donnez-vous l'espace nécessaire pour récompenser et reconnaître vos efforts. Dans le cas de l'écriture d'un livre, chaque page avancée est une victoire, alors félicitez-vous constamment.

Cultivez votre attitude mentale et renforcez votre estime de soi. Ne laissez rien vous abattre. Apprenez à accumuler les enseignements de chaque échec. La vie vous met à l'épreuve et chaque obstacle est une opportunité de croissance personnelle et humaine. Voyez combien de personnalités et d'entreprises ont émergé en période de forte pression. Par exemple, Gabriel García Márquez a conçu l'idée de « Cent ans de solitude » lors d'un voyage à Acapulco et s'est enfermé pendant 6 mois pour l'écrire.

En vous posant des questions clés, telles que ce que vous pouvez faire et dans quoi vous excellez, vous pouvez découvrir votre véritable potentiel et concentrer votre énergie sur le développement. De bons exemples, tels que ceux de Jeff Bezos et d'Elon Musk, démontrent que s'appuyer sur les fondations des relations humaines, des contacts et des amitiés est essentiel pour réussir en affaires. La construction et la construction sur ces bases sont des éléments clés qui ont amené ces entrepreneurs au sommet.

# Troisième partie Autres cartes

Dans cette section du livre, une brève introduction anecdotique est présentée qui cherche à illustrer comment l'application des principes de réussite, précédemment explorés dans les rôles commerciaux dans la première partie de l'ouvrage, peut également générer des résultats exceptionnels dans des contextes complètement différents.

Le déroulement des événements pourrait être considéré comme une autre manière de découvrir ou de construire la carte. Cette histoire a été développée grâce à la lecture de « La magie du pouvoir psychotrope » de Robert Stone.

Le livre met en évidence trois éléments cruciaux pour réaliser quoi que ce soit dans la vie. Premièrement, cela nécessite un engagement, en particulier envers vous-même, sur ce que vous voulez réellement réaliser. Ensuite, suggérez de vous engager envers quelqu'un d'autre, afin que partager vos objectifs vous causera une grande honte si vous ne les atteignez pas. De plus, cela souligne l'importance de répéter constamment le désir ou l'objectif que vous recherchez. Enfin, il souligne qu'il est essentiel de déployer les efforts nécessaires pour en faire une réalité. Dans ce contexte, je suis prêt à partager comment cette philosophie a contribué à un exploit sportif intéressant dans ma vie.

# sport

En 1997, nouvellement arrivé dans la municipalité de Quimbaya, dans le département de Quindío, il avait 18 ans et avait été vice-champion national et international de lutte olympique deux ans auparavant. A cette époque, mon plus grand désir était de poursuivre ma carrière sportive.

Le changement de ville était dû aux problèmes professionnels de mon père. Nous avons connu la première faillite financière de la famille, l'alcool et la gestion négligente des entreprises entre les mains d'employés sans surveillance nous ont conduits au point de devoir dormir dans le fourgon, avec notre maison économiquement détruite. Ce fut une période difficile pour nous tous.

Face à la crise familiale, mes parents ont choisi de s'installer dans cette commune, motivés par la présence de la nièce de ma mère comme seul lien au changement de commune. Lorsque j'ai appris cette décision, j'étais déterminé à ne pas rester dans un endroit où je ne pouvais pas pratiquer mon sport. J'avais en tête de retourner à Pasto et de poursuivre ma formation au cas où je ne pourrais pas le faire dans le nouveau département.

À cet âge, vous pensez que les choses se font de la même manière que d'habitude. A mon arrivée, j'ai contacté l'entité départementale des sports pour connaître le lieu et les horaires des entraînements.

La première réalité qu'il fallait accepter était que le lieu de formation était à une heure de transport intercommunal, et bien, qui pourrait se permettre ces dépenses ? Si nous sortions tout juste d'une faillite.

Je suis parti une fois en vélo, croyant pouvoir continuer à m'entraîner de cette façon, mais après deux heures d'aller simple, j'ai compris que l'investissement des quatre heures, dont deux de nuit , avait été dépensé ... exclu dans mon récent plan. L'entraînement avait lieu trois jours par semaine : lundi, mercredi et vendredi de 18h00 à 20h00, je m'entraînais dans le gymnase précédent de 16h00 à 21h00, c'était un autre changement complexe.

## De l'athlète à l'entraîneur

Je ne me souviens pas comment, le président de la Ligue Sportive Don Ibert Naranjo et l'entraîneur départemental Jorge Barón ont décidé de lancer un processus sportif dans la municipalité, et dans leurs plans était de me nommer entraîneur, c'était le premier travail que j'ai est devenu différent de l'entreprise familiale.

Avec ce nouveau poste, je me suis préparé à faire ce qu'un entraîneur est censé faire, former des clubs sportifs pour former une ligue sportive, la machine à écrire rouge Olivetti a commencé à fonctionner, en tapant avec les deux mains avec le majeur. -J'avais suivi des cours de dactylographie à l'école, mais l'indiscipline ne m'a pas permis d'apprendre grand chose, la seule chose c'est que j'ai fini par former trois clubs sportifs, - et j'ai convaincu des connaissances de plus de 18 ans d'en faire partie. , je il fallait 15 personnes par club, et je ne sais pas comment mais j'y suis parvenu, et les clubs ont été formés, tapés par moi.

# Promouvoir le sport

Avec le poste en tête, la promotion s'est poursuivie, je suis allé de pièce en pièce dans chaque école de la commune, faisant la promotion du sport, là j'ai commencé à me faire connaître dans la commune, et de cette façon et avec six draps ou tapis moelleux, j'ai Il a commencé les activités sportives à Quimbaya. Environ 45 passionnés d'apprentissage sont venus à l'appel.

Voyant ces résultats de l'appel, le président de la ligue a géré vingt et un modules de deux mètres par un, dans un matériau cassata adapté aux chutes, et ils m'ont fourni une bâche jaune, la mairie m'avait déjà donné un espace , et tout était prêt à démarrer.

Avec beaucoup d'enthousiasme, à trois heures de l'après-midi, nous avons commencé la formation qui a duré trois heures. Les enfants étaient très heureux, ils étaient d'âges différents, les plus jeunes étaient les frères Mosquera, âgés de 5, 7 et 9 ans. Leur potentiel était évident. Il avait à peu près mon âge, environ 17 ans, et c'est à ce moment-là que les cours ont commencé à avoir lieu. Maintenant, vous vous demandez peut-être : qu'a-t-il enseigné ?

## sports de combat

Au cours de ma formation d'athlète, nous avons passé environ quatre ans à nous entraîner comme lutteur, avant ma première compétition. Mais le début du sport s'est d'abord fait avec le football vers l'âge de 7 ans, quelques jours après avoir eu les guayos j'ai abandonné.

Un client qui fréquentait le restaurant (une entreprise familiale), qui était un boxeur, un homme à la peau foncée mesurant environ 1,90 mètre appelé « Palomo », dont le surnom était en l'honneur du footballeur « Palomo Usurriaga », décide de m'inviter à cours de boxe au Colisée Sergio Antonio Ruano.

Heureux dans mon nouveau sport, je l'ai pratiqué avec beaucoup de dévouement à l'âge de 10 ans, je me souviens que dans les cours d'éducation physique à l'école, le professeur, pour une raison quelconque , m'a fait faire l'échauffement dans sa classe, et je me souviens avoir mis mes camarades de classe ont jeté le toi et la trémie pendant que nous courions.

## Prêt pour le quadrilatère

Je m'entraînais avec dévouement depuis quelques mois, et entre les ombres et les coups de punching-ball, j'ai pensé à poser la question : Maître, quand vais-je me battre sur un ring ? Je savais déjà comment mettre les bandages et respirer avec le protège-dents n'était plus un problème, je voulais déjà connaître la date de mes débuts.

Le professeur m'écoute, me voit, et avec ses mains serrées sur sa taille, il se penche en respirant et laisse échapper un rire. Je crois que je m'en souviens même avec les larmes à cause de tant de rire. dit, juste le moment drôle que j'imagine qu'il avait.

## Raccrocher les gants

Le lendemain, je ne voulais pas y retourner et je ne me suis plus entraîné à la boxe, j'ai décidé de partir pratiquement "humilié", je ne me souviens pas avoir parlé à personne de ma décision, je l'ai juste prise, je suis parti et je n'ai pas raconté cette histoire jusqu'à présent.

Le professeur était un très bon entraîneur, il a fait sortir plusieurs champions nationaux et il a entraîné l'un des grands boxeurs de l'époque à Nariño Newton Villarreal. Avec un peu plus de tact de la part du professeur pour moi, âgé de 10 ans, ce serait une autre histoire qui aurait été écrite ici, si elle avait été écrite du tout.

**Premier combat de boxe**

Nous avons étudié dans la même école que Newton Villareal, à la Roosevelt School, et grâce à la renommée qu'il gagnait déjà, il savait comment apporter des gants et des couvre-chefs de boxe à l'école. Trois ans s'étaient écoulés depuis ma retraite définitive de la boxe, mais la boxe me hantait.

Dans les classes supérieures, il y avait un élève appelé « Canard », c'était un de ces petits garçons, que tout le monde le respectait parce qu'il avait acquis une habileté dans le combat de rue, et c'était la lutte olympique.

Un jour, le Canard portait des gants à l'école, alors que Newton faisait la promotion d'un concurrent, j'ai vu que personne ne montait sur le ring. Avec une différence d'âge considérable, j'étais là, déterminé à entrer avec deux mois de cours, « quelque chose » que je connaissais, j'ai décidé d'entrer pour tenter le vrai combat.

Le combat n'a pas duré longtemps, et sans Newton, le combat se serait terminé par KO, avec ce serveur au sol. Je me souviens que j'ai reçu une rafale de coups de ta part sur mon visage, et la seule chose que j'ai faite au lieu de me défendre a été de frapper avec la même intensité en coups croisés, à la même vitesse, nous nous frappant tous les deux en même temps. dans une frénésie.

Je dois admettre que Pato a été le grand vainqueur de ce match de boxe à l'école. Après avoir su qu'il s'agissait de lutte, j'ai décidé de convaincre mes amis du quartier où j'habitais, ainsi que mes deux frères, et de leur dire de venir avec moi pour apprendre la lutte, qui était une salle de sport en diagonale de la boxe. façon parfaitement.

## Venir se battre

Nous sommes arrivés au gymnase, et à la surprise de nous 7 qui allions au gymnase, un jeune homme de deux ans plus âgé nous a assisté, qui nous a très gentiment invité à continuer au gymnase de lutte, et nous a entraînés pour la première fois. . L'ami entraîneur, l'un des grands de Nariño, Jhon Jairo Barbosa, qui nous a aidé, s'entraînait depuis environ deux ans.

Je me souviens qu'après les exercices, la gymnastique et la technique, il nous faisait combattre entre nous, puis il se battait avec nous. Ce jour-là, je me souviens que c'était un grand jour pour moi, j'ai battu tous mes amis, et même Barbossa, même si écrire ces lignes c'est très possible, et je pense que c'était le cas, mon nouvel ami, s'est simplement laissé gagner, pour que je ressentez suffisamment de motivation pour continuer à vous entraîner.

Trois ans plus tard, je suis en route pour le premier championnat national à Palmira Valle. J'ai décidé par expérience de ne plus demander, mieux, quand est-ce que j'irais à un championnat national ? Je ne savais même pas qu'ils existaient, je me suis juste entraîné et je me suis amusé. Nous avions un coach à chaque fois qu'ils le payaient, le reste du temps, les plus avancés nous faisaient la faveur de nous entraîner, et donc sans plan d'entraînement, nous faisions ce que nous pensions devoir faire pour être bons.

## plan de formation

La façon dont les anciens combattants nous enseignaient était une heure de gradins, une heure de gymnastique, une heure de technique, une heure de lutte et une heure de musculation. Généralement, nous faisions cela tous les jours, et c'était la préparation, pour arriver aux poids, il n'y avait pas beaucoup d'énergie mais quelque chose était fait.

C'est ce que j'ai développé dans l'enseignement, je ne m'étais pas préparé à devenir entraîneur et je ne savais pas à qui m'adresser, mais le désir de continuer dans le sport m'a poussé à commencer à enseigner.

## Comment être un champion ?

Déjà en position d'entraîneur, entraîner une équipe, apprendre des athlètes, tout ce qu'il avait fait jusqu'à présent. Je me souviens que je voulais juste aller m'entraîner, mais pour cela, je devais être entraîneur, tout ce que je devais faire n'était pas programmé dans ma tête, je voulais juste m'entraîner.

L'annonce du prochain championnat arrive, trois mois pour préparer, je n'ai pas d'entraîneur, je n'ai pas de sparring-partenaire du même poids, je n'ai personne pour m'apprendre, je n'ai pas de livres, rien en ma faveur, un seul entraîneur à une heure et l'autre à heure et demie. Je suis seul, je n'ai que le souvenir d'un livre que j'ai lu il y a longtemps, La Magie du Pouvoir Psychotronique.

## "Quand vous n'avez rien d'autre à faire, tout ce que vous avez est la seule chose dont vous avez besoin."

Lorsque vous n'avez rien d'autre à faire, tout ce que vous avez est la seule chose dont vous avez besoin. Dans le livre, j'ai compris trois choses importantes : premièrement, définissez ce que vous voulez ; deuxièmement, s'engager à y parvenir ; troisièmement, répétez constamment ce que vous voulez.

## "Résoudre ma première carte"

Le fait que? C'était déjà clair, il voulait être champion national. Clair et concis comme il se doit, déterminez Que souhaitez-vous ?

Engagement, le livre était très clair : l'engagement devait être envers moi-même et avec une personne respectable ou admirable. La première personne à qui j'ai promis d'être championne nationale était ma tante Ofelia. Elle fait partie de ces tantes qui ont toujours été serviables et soucieuses pour qu'on puisse avancer, elle nous tendait la main quand les choses allaient mal financièrement. Je n'avais aucun moyen de le remercier pour tout ce qu'il avait fait pour nous, alors en pleurant et en signe de gratitude, en disant au revoir à la nouvelle maison, je lui ai promis. J'ai ressenti une très grande force avec cet engagement, à ce moment-là je ne savais pas où j'allais aller et ce que j'allais trouver.

Dans la nouvelle maison, je ne savais pas avec qui exactement prendre cet engagement, j'ai donc décidé de le faire également avec le maire municipal et avec les athlètes que j'entraînais.

Quand je suis allé me fiancer avec le maire, qui allait être champion national lors du prochain championnat, j'ai ressenti ce que l'auteur avait besoin de ressentir avec quelqu'un qui suive ses lignes. L'engagement que j'avais acquis était si fort pour moi que les obstacles liés au manque d'entraîneur, de sparring-partner et d'un endroit approprié pour m'entraîner n'existaient pas, et je n'y ai pensé qu'après avoir réussi à réfléchir à ce sujet, et même des décennies après.

A cause de la « bouche », je pense que j'ai réussi à réfléchir ou peut-être que j'y pense maintenant, l'engagement était déjà pris, et je ne pouvais pas revenir en arrière, toute ma réputation était en jeu, et tout dépendait exclusivement de moi. Sans connaissances ni expérience suffisantes, j'ai décidé de faire tout ce qui était en mon pouvoir.

J'ai fait tout ce dont je me souvenais sur la façon dont je devais m'entraîner. Quelque chose que j'ai fait pour gagner en force, c'était un jeu appelé, tout le monde contre l'entraîneur, et tous les athlètes venaient contre moi pour me renverser, et je n'ai pas lâché prise, c'est devenu une routine clé de préparation, je n'avais rien d'autre faire à ce moment-là.

Dans l'engagement, Stone a souligné que cela devait être avec cette personne, que si vous la revoyiez dans votre vie, vous auriez honte de lui dire, je suis arrivé deuxième ou j'ai perdu, vous devriez ressentir cette honte de ne pas y arriver.

La troisième chose dont je me souviens chez l'auteur, c'est qu'il fallait le répéter quotidiennement et à tout moment. J'avais pensé à plusieurs phrases à répéter à tout moment, celles-ci étaient : je vais être champion et je vais gagner. J'ai décidé : **JE VAIS GAGNER** . C'est devenu mon cri de guerre. Toute la journée, je me le répétais, quand je m'entraînais, quand je me baignais, aux repas, avant de me coucher, quand je me levais, dans le bus pour la compétition, à tout moment.

J'ai répété plusieurs centaines de milliers de fois, je ne me souviens plus combien, dans la compétition quand le vent de la peur est venu, je me suis répété la phrase, à l'échauffement je l'ai fait aussi, à tout moment, la seule chose que j'ai Je me suis répété que c'était ça.

Le jour de la compétition est arrivé, la nervosité accompagne le processus, mais la phrase « Je vais gagner » les a fait fuir. Le jour de la compétition, j'avais à mes côtés un entraîneur expérimenté, le professeur Jorge Barón, qui a dirigé le sport et l'a fondé dans plusieurs départements, qui a constitué de son vivant l'une des carrières d'athlètes les plus titrées en Colombie, et ses élèves continuent pour donner d'excellents résultats, maintenant en tant qu'entraîneurs.

Premier combat, je vais contre Valle, Quindío contre Valle, un combat de cinq minutes. Je me souviens d'un combat très fort, du sentiment de peur et de nervosité ressenti lorsque l'appel "Andrade pour Quindío, prépare-toi" par haut-parleur, **JE VAIS GAGNER** , j'ai dû le répéter et cela a fonctionné, m'a rappelé une phrase de la raison pour laquelle j'étais là.

Appel suivant « par le département de Quindío Andrade », le jour était arrivé, la préparation visait ce jour spécial, cette compétition, je me suis dirigé vers le matelas et je me suis répété **JE VAIS GAGNER** , je devais le faire, je avait déjà pris l'habitude de le répéter constamment.

En entrant sur le tapis **JE VAIS GAGNER** , en regardant l'arbitre, l'adversaire, en écoutant la barre forte de Vaaaaaaaalleeeeee, ça résonnait dans mes oreilles, mais la voix la plus forte en moi était **JE VAIS GAGNER** . Nous nous saluons et sommes en mesure de commencer le combat **JE VAIS GAGNER** .

Le coup de sifflet retentit, ce que je désirais avait commencé, **JE VAIS GAGNER** , commencer le combat, un adversaire très fort, **JE VAIS GAGNER** , quelle phrase puissante, sans cette méthode mentale Valle aurait gagné, je ne Je n'ai pas le moindre doute. Dès le début j'ai récupéré le score, c'était un combat très équilibré, à la fin du temps j'ai gagné par un point, 5 à 4. Mon coach dans le coin joyeux, et son fils qui était l'entraîneur départemental qui a participé comme un juge national, s'approche de moi et me dit : « Nous sommes désormais troisièmes. » Nous étions 4 en compétition, j'ai gagné un combat, dans mes comptes j'en ai perdu deux autres, j'ai terminé troisième.

Quand je m'échauffais j'ai répété la phrase je vais gagner, quand je suis entré sur le tapis j'ai répété la phrase, pendant le combat j'étais uniquement concentré sur la victoire, dans les moments cruciaux de gagner ou de perdre, une force intérieure est ressortie, Je ne voulais pas ressentir la honte de dire au maire que j'avais perdu, elle m'a donné la force de ne pas me vaincre. Parfois on ne perd pas une compétition, on se laisse vaincre, et cette phrase je vais gagner et cette méthode ne m'ont pas laissé abandonner.

Combat suivant, Valle va avec Bogotá, dans les tribunes j'ai regardé avec émerveillement le combat, celui de Bogotá, il a tabassé, celui qui m'avait coûté tant de travail pour le battre. Immédiatement, les craintes de perdre en jouant à Bogotá ont commencé à apparaître. **JE GAGNERAI** .

Quindío contre Bogota, la phrase m'a été répétée et m'a éloigné du cycle de pensées dans lequel j'avais vu le passage à tabac précédent. Il y avait une partie de moi qui pensait avoir perdu le combat, mais la phrase, beaucoup de phrases, m'a rempli de courage, je me suis échauffé et je suis entré sur le tapis.

Entrez et terminez le combat si rapidement que je ne comprenais pas pourquoi le concurrent de Valle avait été vaincu de manière si retentissante.

Combat suivant, Antioquía contre Valle, le combat était similaire au précédent, Antioquía a encore battu Valle très facilement. Une fois de plus ces pensées reviennent, le plus dur de la catégorie a été Antioche. Encore une fois la phrase ; **JE VAIS GAGNER** , pour me mettre au diapason et accéder à la finale.

**Le Quindío final contre Antioquia**

Le même processus, répéter sans cesse ce que j'avais en tête, répéter sans cesse mon désir, la phrase " **JE VAIS GAGNER** " m'a beaucoup servi dans ce tournoi, elle a chassé la peur naturelle qu'on ressent en entrant dans la compétition.

Déjà sur le matelas, j'ai appliqué une technique de lancer, et mon adversaire est resté à plat (les deux omoplates sur le sol du matelas), déjà au sol et incapable de se défendre, il a décidé de mordre une partie de mon pectoral supérieur, près de l'épaule pour que lâchez-le, serrez-le plus fort et remportez le championnat.

À cette expérience sportive, je dois ajouter la reconnaissance de la famille des combattants de la Risaralda, des trois frères Echeverri, ainsi que de Jorge Baron père et fils, qui, dans les coulisses, ont apporté leur meilleur soutien à ce processus.

Des années plus tard, j'ai rencontré un ami de l'équipe Valle, qui m'a dit qu'après avoir perdu le combat contre moi, il était démoralisé et qu'il avait prévu de gagner, quand il a vu qu'il n'en pouvait plus, il n'était pas intéressé par le podium, il est sorti concourir, pour avoir rempli le devoir de ne pas abandonner physiquement, parce que moralement il avait déjà abandonné la compétition.

**taekwondo**

J'ai fait la prochaine expérience similaire en utilisant cette méthodologie en Taekwondo. J'étais à l'université et j'ai dû prendre un crédit sportif par obligation, regardez ce qu'il y avait, et ce qui se rapprochait le plus de la lutte olympique était le taekwondo.

J'ai toujours voulu pratiquer ce sport, la mensualité ne me permettait pas de commencer, même si si j'avais demandé à papa j'aurais sûrement payé quand j'étais enfant, la vérité est que je ne lui ai jamais dit, j'ai supposé qu'il ne paierait pas . Mon père aimait juste que je me concentre sur le travail.

Déjà à l'université, je suis entré en cours, le premier jour l'entraîneur m'a interviewé et à part un autre camarade de classe de Karaté, il nous a dit si nous voulions aller à un championnat national ouvert d'arts martiaux. En boxe, j'ai demandé quand et le professeur a ri, en lutte, je n'ai pas demandé pendant plus de trois ans, je suis allé en première, et en taekwondo, en première classe, ils me disaient déjà quand faire mes débuts.

Je lui ai dit : « Vous pensez sûrement que je peux y aller, si je ne connais pas grand-chose à ce sujet. » Le coach m'a dit, tu sais concourir, c'est le plus important. Quinze jours après mes débuts, il m'a expliqué six coups de pied clés, les défenses, et comme il ne s'entraînait que le samedi, et que je m'étais déjà engagé, j'ai commencé à m'entraîner chez moi, le soir.

Déjà en classe, je l'ai dit à mes camarades, ils se sont tous mis à rire, pensant qu'ils allaient me donner une terrible raclée. Je n'aimais pas ça, alors j'ai répété la méthode, le Quoi ?, c'était déjà clair, l'engagement était avec mes camarades de classe, je ne voulais pas qu'ils se moquent de moi en classe, et j'avais déjà la phrase , ce n'était pas le cas si je ne répétais pas ce que j'avais déjà fait.

En arrivant à la compétition, avec la méthode d'élimination directe, j'ai gagné les trois ou quatre combats, et là je suis arrivé avec mon trophée pour le montrer à mes coéquipiers. Nous trois, qui représentions l'Université La Gran Colombia, sommes revenus en tant que champions nationaux dans nos catégories respectives.

## Oublier d'être champion

Avant ce championnat, et après, dans le sport de la Lutte Olympique, je n'ai pas été de nouveau champion national, j'ai atteint le podium, mais je n'ai pas pu répéter l'exploit d'être champion. (Dans la quatrième partie de ce livre, j'explique ce qui s'est passé).

Plus tard, j'ai eu de grands entraîneurs nationaux, qui s'occupaient de la technique, de la tactique, de la stratégie, du physique, mais aucun d'eux n'a encore travaillé sur le mental, et comme j'étais avec ceux qui savaient, j'ai oublié cette carte, j'ai oublié ce chemin, je l'ai fait Je n'y prête plus attention. , une méthode « momentanée » était arrivée dans ma vie, et juste au moment où elle est arrivée, elle est partie, et je ne me suis sérieusement souvenu de cette affaire que 26 ans plus tard, en écrivant ce livre.

# Quatrième partie Sur les épaules des géants

Dans la deuxième partie du livre, une méthode est partagée à travers laquelle elle donne quelques aperçus sur la façon de perfectionner la vision. Et bien qu'il n'y ait aucune université qui ait le titre exclusif de « Améliorez votre vision jusqu'à un record » ou quelque chose comme ça. Et il est certain, comme nous l'avons vu dans la troisième partie, qu'il existe de nombreuses façons ou formes de le faire, et nous partageons ici une autre manière d'atteindre vos véritables objectifs.

Dans cette partie, il convient donc de regarder ces **GÉANTS** , de qui nous pouvons apprendre, apprendre de ceux qui sont à l'avant-garde et « copier » ce qu'ils ont fait est sage, même si culturellement il semble que nous soyons prédestinés à croire que la copie est mauvaise.

On pourrait dire que copier exactement n'est pas possible, mais si cela peut vous donner une idée claire de comment ils l'ont fait, et comment vous pourriez le faire, ou comment vous pouvez le faire mieux, Hombros de Gigantes est basé sur le fait que seulement Nous parvenons à faire de grandes choses, quand nous comprenons le travail de ceux qui nous ont précédés, c'est gravir les échelons des connaissances dans le domaine pour continuer à avancer. On ne part pas de zéro, non, on avance, le progrès de la civilisation telle que nous la connaissons repose sur cela.

# 4 principes

La première fois que j'ai entendu parler d'un entrepreneur qui possédait plus d'une centaine d'entreprises, une centaine d'industries différentes, pas des succursales, mais une centaine d'entreprises complètement différentes, je me souviens avoir commencé à y prêter attention. J'ai commencé à étudier et à réfléchir à la manière dont ils procédaient. Comment était-il possible pour une personne possédant une entreprise de gérer une charge de travail aussi écrasante ? En revanche, des personnalités comme Carlos Slim et Li Ka-shing possédaient respectivement 150 et 300 entreprises. Il s'agissait d'entreprises géantes d'envergure mondiale, leaders incontestés dans leurs domaines et territoires. Ils avaient des projets d'expansion et de croissance qui semblaient incommensurables. En fouillant dans les biographies de ces personnes, j'ai découvert comment elles ont commencé, comment elles sont nées et ce qu'elles ont réellement fait. Connaître l'énorme impact de leurs réalisations est fascinant.

Ces entrepreneurs exceptionnels ont eu la capacité de découvrir comment réussir sur les marchés sur lesquels ils sont entrés. Ils ont identifié les principes fondamentaux qui leur ont permis de se démarquer. Si une personne démarrait une petite entreprise, elle était souvent submergée par la charge de travail. Bien que j'aie suivi deux cours professionnels liés au sujet, aucun d'eux n'a fourni de réponse exacte. Personne ne pouvait expliquer ce qui se passait. Dans cet exercice, j'ai découvert qu'il existait autre chose, quelque chose qui échappait à mes études précédentes. Si vous cherchiez une explication cohérente et logique sur la façon dont ces entrepreneurs ont réussi à créer autant d'entreprises dans divers secteurs, vous avez trouvé un livre qui vous apportera des réponses et partagera une méditation sur la manière dont cela peut réellement être réalisé.

Il est essentiel de comprendre que nous disposons tous d'une ressource limitée : notre temps, réduit à 24 heures sur 24, soit moins d'un million d'heures dans une vie. Certains entrepreneurs sont partis de zéro, d'autres même de moins de zéro, tandis que certains bénéficiaient de certains avantages initiaux. Mais ce qui est crucial, c'est le résultat obtenu, qui est dans de nombreux cas incommensurable et colossal. Le fait d'avoir démarré avec un certain avantage ne peut être sous-estimé, car de nombreux entrepreneurs se sont fait un nom de manière notable, étant commémorés, reconnus et valorisés. Ils ont laissé une empreinte durable et que les générations futures ont appris à apprécier.

Au cours de cette recherche, j'ai pu identifier quatre principes que chacun de ces entrepreneurs a commencé à mettre en œuvre au fil du temps. Ces principes sont directement liés :

1.  Direction d'entreprise
2.  Les chasseurs de têtes délèguent et forment des équipes
3.  Les principes et la richesse de Smith
4.  Vbal

Pour expliquer méthodologiquement si ce qui est dit dans cette partie est correct ou incorrect, je dois être très sincère. Certains diront peut-être que la bonne chose à faire est de suivre l'exemple de Napoléon Hill, qui a interviewé de nombreux hommes d'affaires pendant vingt ans. Cependant, il est également valable de dire que vous pouvez utiliser votre imagination et vos capacités d'investigation en écoutant des audios et des vidéos pendant des heures. Personnellement, j'ai consacré beaucoup de temps à l'écoute et à la compréhension, en plus de lire des livres sur divers sujets, tant théoriques que de développement humain.

De la même manière que les grands penseurs ont imaginé le fonctionnement des constellations et des étoiles, le processus d'élaboration de ces quatre principes a été un effort qui a duré de nombreuses années. Ce fut un travail de réflexion, de recherche et d'enquête constante, gardant la question persistante dans mon esprit, afin d'arriver à ces quatre principes.

# Direction d'entreprise

Le leadership d'entreprise va au-delà de la simple vision de l'orientation future de l'économie. Cela implique d'être constamment à l'affût de la prochaine tendance, de l'innovation qui fera référence ou de la prochaine niche de marché à découvrir.

Dans ce processus, il est essentiel de comprendre que l'innovation ne se traduit pas toujours par la création de quelque chose de complètement nouveau, mais aussi par la réinvention et l'amélioration de ce qui existe. Prenons par exemple le cas d'un restaurant : même si le concept en lui-même n'est pas innovant, le véritable génie réside dans la manière dont il est mis en œuvre. C'est là que le chef d'entreprise démontre sa capacité à structurer, conceptualiser et exécuter de manière unique.

La prospective, combinée à la capacité d'identifier les opportunités et de s'adapter aux demandes changeantes du marché, constitue l'essence même du leadership commercial. Ainsi, un leader non seulement anticipe la prochaine grande tendance, mais influence également activement la façon dont il se développe et s'y adapte, fixant le cap pour son équipe et son organisation dans son ensemble.

Diriger, c'est pénétrer dans des domaines totalement inexplorés, un type de leadership réservé à ceux qui partagent l'esprit des explorateurs, qui s'aventurent dans l'inconnu. C'est le leadership des conquérants, ces visionnaires qui non seulement créent de nouvelles industries, mais les élèvent au niveau supérieur.

Nous parlons du leadership des pionniers, de ceux qui inventent ou innovent, ouvrant la voie au club des véritables innovateurs. Ce sont ces dirigeants qui repoussent les frontières, incitent les autres à suivre leurs traces et, en fin de compte, transforment non seulement leurs propres organisations, mais aussi l'ensemble du paysage commercial.

Observer ce que les autres ne perçoivent pas, comprendre et anticiper les événements à venir est essentiel. Comprendre comment les principaux paradigmes évoluent constamment redéfinit ce qui est aujourd'hui considéré comme une vérité commerciale, ainsi que ce qui fonctionne dans le monde des affaires. Les nouvelles technologies et les progrès continus transforment complètement le paysage, exigeant une capacité constante d'adaptation pour rester à jour dans cet environnement commercial en constante évolution.

La ville connaît un changement important dans notre façon de consommer et, de fait, le monde entier se transforme à chaque révolution technologique. Tout est en constante évolution, et comprendre, anticiper et s'adapter à cette dynamique est essentiel. Un leader non seulement anticipe, mais aussi documente et forme, permettant ainsi aux choses de se produire aussi bien à l'intérieur qu'à l'extérieur de son organisation. Votre capacité à diriger de manière proactive ces changements est essentielle au succès et à la pertinence dans un environnement en constante évolution.

## Chasseur de têtes et délégué

Le talent des gens naît-il ou se crée-t-il ? C'est une question cruciale, et la réponse est qu'elle est née et créée, qu'elle peut être développée, ou peut-être que son talent existe déjà à un certain niveau. Il est essentiel de prendre en compte ces perspectives lors de l'évaluation des talents qui vous entourent. Vous pouvez découvrir des talents à la fois au sein de votre entreprise et chez des personnes qui ne sont pas encore arrivées. Parfois, les talents se trouvent dans des endroits inattendus, et la capacité exceptionnelle réside dans la transformation d'une personne ordinaire en quelqu'un d'extraordinaire.

Le moment est peut-être venu pour chaque être humain de faire quelque chose d'extraordinaire. Ce moment est crucial, et il faut observer attentivement lorsqu'il arrive, quel est le bon moment, quel est le moment exact où la vie, les circonstances et les situations amènent chaque être humain à offrir le meilleur de lui-même ou à se préparer mentalement à fais-le. Il se peut que vous soyez au bon moment ou que vous en soyez proche, ayant besoin de cette voix de sagesse et d'encouragement qui vous permettra de franchir ce grand pas et de développer votre potentiel d'une manière incommensurable.

Ce sont les clés pour démarrer une nouvelle organisation ou entreprise. Il y a des moments où les êtres humains sont prêts et disposés. Lorsque nous prononçons l'expression « le moment est venu », il est essentiel d'être patient et d'apprendre à identifier comment nous pouvons garantir que les personnes qui travailleront avec nous, avec lesquelles nous ferons équipe, soient toujours prêtes à développer leur potentiel maximum. . Cela est possible à condition que nous partagions des principes, essentiels pour évoluer vers une organisation capable d'atteindre des objectifs intéressants.

Les grands employeurs se démarquent par leur capacité à identifier et à attirer les meilleurs talents dans divers domaines. Le vrai talent a une valeur incalculable, car grâce à lui, vous pouvez démarrer de nouvelles industries, conquérir des parts de marché, réaliser des avancées et des progrès significatifs. Trouver et retenir ces talents est l'un des principaux objectifs que doivent poursuivre les entrepreneurs d'exception. Assister à des événements et participer à diverses réunions sont des stratégies clés, puisque c'est dans ces contextes que pourrait se trouver le talent que recherche votre entreprise, votre activité ou votre prochaine initiative d'affaires.

On pourrait affirmer que chacun possède un potentiel inhérent ; Cependant, il est crucial d'apprendre à bien sélectionner les talents. Il est également nécessaire de cultiver la capacité d'autonomiser les gens ordinaires, en leur donnant le degré d'autonomie nécessaire pour qu'ils puissent extraire le meilleur d'eux-mêmes et afficher l'inventaire complet de leur histoire personnelle. Cela leur permettra de relever avec succès les grands objectifs et défis que nous leur avons fixés, en nous surprenant par leurs réalisations.

En ce sens, lorsqu'on découvre différents types de talents, on pourrait affirmer que le domaine le plus vital au sein des départements d'une entreprise est le département des talents humains. Ce département a la responsabilité cruciale de sélectionner la personne la plus qualifiée et exceptionnelle, puisqu'il sera chargé d'embaucher et de sous-traiter tout le personnel nécessaire, en tenant compte des besoins, attentes et exigences actuels, ainsi que de la formation future. L'assimilation efficace de ces talents embauchés est essentielle, car on cherche à ce que chacun soit complètement aligné sur ce que l'on souhaite réellement réaliser.

Il est essentiel de consolider une structure organisationnelle fondée sur une sélection large, abondante et améliorée de talents humains. L'objectif est que les collaborateurs ressentent constamment le désir, le désir et la ferveur d'apprendre et de se former, en améliorant continuellement leurs compétences et leurs capacités. De cette manière, l'organisation s'appuiera sur un leadership qui reconnaît et valorise largement le talent. Cela permettra à l'entreprise de surmonter avec succès les différents défis et obstacles qui se présentent à elle.

Apprendre à intégrer des talents d'âges divers est crucial, car l'expérience accumulée et les nouvelles connaissances dans les nouvelles technologies sont des contributions précieuses. La présence de jeunes talents est particulièrement importante pour faire passer les entreprises au niveau supérieur. Ce phénomène est évident, en particulier dans les entreprises technologiques, où l'on a observé que ce sont les jeunes qui, grâce à leur connaissance des nouveaux outils et technologies, ont réalisé des avancées significatives et ont entraîné des changements disruptifs dans divers types d'entreprises créées. , consolidé et formalisé.

Lorsqu'on a de l'expérience et qu'on est vétéran, il est crucial d'investir et de réinvestir dans des projets qui gardent un oeil sur les nouvelles innovations. L'industrie repense constamment, même lorsqu'il existe déjà un produit fini et largement distribué sur le marché. Nous savons que la prochaine grande innovation est en route. Tout est susceptible d'innovation ; rien ne peut rester complètement statique dans le temps. Même dans l'industrie alimentaire, au fil du temps, les produits s'améliorent et se perfectionnent, ainsi que diverses formes de présentation et de modèles commerciaux pour obtenir de meilleures ventes.

Ainsi, l'un des piliers fondamentaux pour bâtir de grandes entreprises réside dans l'obtention d'un leadership solide, capable de comprendre ces concepts et d'acquérir les meilleurs talents disponibles. Une grande entreprise repose sur les meilleurs talents disponibles ou sur ceux que votre leadership aide à développer. L'objectif est que chaque personne qui rejoint votre équipe ressente, dans chaque cellule de son corps, l'impulsion d'offrir le meilleur d'elle-même, en déployant toute sa capacité pour obtenir des résultats exceptionnels, puisque son heure est venue.

Après avoir identifié et sécurisé les talents, l'étape suivante est la délégation : créer un plan de travail et attribuer les responsabilités. Il est essentiel d'élaborer un plan clair qui définit où vous voulez aller, quels objectifs sont poursuivis et quelles sont les actions exécutives pour y parvenir. À ce stade, vous pouvez vous concentrer sur le suivi, surtout lorsqu'il s'agit de gérer une grande équipe, voire plusieurs entreprises. À mesure que l'équipe de suivi s'agrandit, il est crucial de déléguer efficacement et d'envisager d'injecter des capitaux, de rechercher des partenariats et de créer de nouvelles entreprises dans différents secteurs. La bonne mise en œuvre de ces concepts sur l'ensemble du territoire sur lequel vous êtes implanté est essentielle pour une croissance durable.

Il est essentiel de leur fournir les bases nécessaires pour apprendre à former des équipes, en particulier en garantissant une compréhension approfondie de ce processus. Il est extrêmement vital que chaque nouvelle entreprise soit d'une clarté absolue, notamment dans le domaine du talent humain. Ce domaine est chargé d'acquérir tous les talents nécessaires au fonctionnement efficace de votre organisation.

Désormais, un leadership correct sera accompagné des meilleurs talents, et les meilleurs talents parviendront à conduire les organisations à rester sur le podium mondial de la concurrence commerciale.

## Les principes et la richesse de Smith

Parler des principes de richesse signifie simplement se référer aux quatre principes détaillés par l'illustre Adam Smith dans son livre célèbre et largement cité « La richesse des nations ». Dans cet ouvrage, qui porte le nom complet d'« Enquête sur la cause et la nature de la richesse des nations », les mesures qu'une nation peut adopter pour s'enrichir et progresser dans le développement sont abordées en cinq volumes. De même, Smith explore les actions qu'une entreprise et un pays devraient éviter pour éviter de s'écarter de cette voie.

Dans ce contexte, selon Adam Smith, il existe quatre principes extrêmement importants pour faciliter un processus d'avancement ou de génération de richesse. Le premier principe est la subdivision du travail, suivi de la spécialisation comme deuxième, de la construction des outils comme troisième, et tout cela doit être encadré dans la taille du marché public, qui constitue le quatrième principe selon Smith.

La subdivision du travail, selon Adam Smith, le captive complètement lorsqu'il observe l'activité dans la célèbre fabrique d'épingles. Là, il constate qu'un seul homme ne peut pas produire plus de 20 épingles par jour, mais qu'en ayant 10 hommes, chacun spécialisé dans une tâche spécifique, ils parviennent à fabriquer 4 800 épingles par jour. Cette augmentation de 460 épingles par jour et par homme était cruciale pour Smith pour anticiper l'émergence imminente de la révolution industrielle. Ce concept est extrêmement important pour les projets futurs, car il met en évidence la nécessité d'apprendre à subdiviser le travail.

Une division correcte du travail en diverses activités, chacune soutenue par un talent spécifique, permet à la spécialisation de s'épanouir. Lorsqu'une personne s'immerge dans une activité répétitive qui exige ses capacités uniques, elle peut développer un niveau de maîtrise et de spécialisation. Cette approche continue et répétitive du travail conduit à des améliorations constantes. Dans une organisation où chaque individu travaille dans son domaine spécialisé grâce à la subdivision, l'amélioration et l'excellence se développent dans chaque segment. Ce processus, de la subdivision à la spécialisation, est essentiel pour atteindre une performance exceptionnelle au travail.

Disposer d'un personnel entièrement spécialisé dans chaque domaine d'activité confère un avantage concurrentiel important. Cela place l'entreprise sur une trajectoire de croissance continue, atteignant ses objectifs, atteignant ses objectifs et explorant de nouveaux marchés et innovations. La spécialisation permet à chaque individu de s'améliorer constamment dans ce qui le passionne, ce qui est crucial pour que l'organisation devienne de plus en plus compétente et compétitive.

Selon Smith, après la spécialisation vient la construction d'outils. Il décrit le philosophe comme quelqu'un qui examine comment optimiser le processus de production pour obtenir de plus grandes quantités en moins de temps, conduisant ainsi à des progrès significatifs. Cette approche passe par le développement d'outils technologiques plus performants, évitant les pertes de temps. La personne spécialisée dans une partie du processus est celle qui, au fil du temps, peut également générer ses propres outils, un constat qui a été confirmé dans diverses industries et secteurs.

Lorsque ces trois principes sont appliqués dans le contexte de la taille du marché public, tant pour une entreprise que pour une nation, le résultat est une croissance exponentielle considérable. La taille du marché s'avère être un facteur crucial, car démarrer une entreprise dans une ville de vingt mille habitants est très différent de le faire dans un marché de 7 ou 8 millions d'habitants. Les spécialistes du marketing ont appris que la taille du marché est fondamentale dans la création de richesse. Une entreprise bien située, avec un flux de clients important, est vouée à croître, à se développer et à progresser. D'un autre côté, nous avons observé que les entrepreneurs dans les domaines à potentiel sont souvent limités par la taille du marché, ce qui les empêche de réaliser leur plein potentiel.

Un entrepreneur a toute la capacité d'apprendre à appliquer les quatre principes de Smith. Vous êtes encouragé à comprendre la taille de votre marché cible et à embaucher les meilleurs talents afin qu'ils se sentent en confiance et réalisent leur plein potentiel. Même si la subdivision du travail peut suggérer la nécessité d'embaucher davantage de personnel, il est crucial de l'envisager sous l'angle de l'efficacité et de la productivité. Une focalisation excessive sur la subdivision sans tenir compte de l'efficacité peut conduire à une masse salariale gigantesque, contreproductive pour la croissance, puisque les dépenses pourraient absorber les bénéfices de l'entreprise. Il est essentiel de comprendre et d'appliquer la taille du marché public, comme l'explique Adam Smith.

## Vbal

Apprendre à guider, à diriger une équipe quand chacun ne connaît pas la direction future, implique d'avoir foi, certitude et confiance en soi. Cela demande un travail dur et intense, mais avec la conviction que de grands objectifs peuvent être atteints. Dans le modèle que nous présentons ici, appelé « VBAL », la clé réside dans la focalisation sur l'obtention de résultats significatifs. En mettant en œuvre ce modèle, non seulement de grands objectifs sont atteints, mais l'équipe est également habilitée à élaborer des plans de travail efficaces. Ceci, à son tour, permet de suivre et d'évaluer les progrès et les réalisations individuels, constituant un élément essentiel du leadership.

Concevoir un modèle simplifié qui relie la vision à l'action est essentiel pour garder l'équipe concentrée et assurer un suivi efficace. Comme on a pu le constater dans les deux premières parties de ce livre.

## De grands hommes d'affaires

En accompagnant le rapport A Hombros de Gigantes, je partage ceux qui ont sans aucun doute été et sont de grandes références dans le monde des affaires, qui ont rempli leurs agendas de travail en atteignant les objectifs et ont réalisé les rêves ou la vision qu'ils s'étaient fixés, et qui servent d'exemple à générations de futurs entrepreneurs.

Henry Ford avait pour vision de démocratiser l'automobile, en la rendant accessible au grand public. Pour y parvenir, il a introduit la chaîne de montage et les processus de production standardisés, notamment avec le modèle T, une automobile abordable qui a transformé l'industrie du transport.

Andrew Carnegie : La vision d'Andrew Carnegie était axée sur la direction de l'industrie sidérurgique. Ses objectifs comprenaient la domination de la production d'acier, qu'il a atteint en améliorant l'efficacité de la production et en acquérant des sociétés concurrentes.

Carnegie est devenu un magnat de l'acier et un philanthrope réputé.

Bill Gates voulait installer un ordinateur dans chaque foyer. Pour réaliser cette vision, il a cofondé Microsoft et développé des logiciels PC, notamment le système d'exploitation Windows. Son intérêt pour l'informatique personnelle et le développement technologique ont fait de lui une figure clé de la révolution technologique.

Elon Musk a pour vision de faciliter la colonisation de Mars. Pour atteindre cet objectif audacieux, il a fondé SpaceX, développé des fusées réutilisables et des véhicules électriques avancés avec Tesla. Son approche disruptive et technologiquement avancée a transformé les industries spatiale et automobile électrique.

Steve Jobs, co-fondateur d'Apple, a joué un rôle moteur dans la révolution technologique grand public. Leur vision était axée sur la création de produits qui changeraient la façon dont les gens interagissent avec la technologie. Avec le lancement de produits emblématiques comme l'iPod, l'iPhone et l'iPad, Jobs a non seulement transformé Apple en l'une des entreprises les plus valorisées au monde, mais il a également laissé une marque indélébile sur notre façon de vivre et de travailler. L'accent mis sur le design élégant, la simplicité et l'intégration matérielle et logicielle a défini l'esthétique et la fonctionnalité de la technologie moderne. La capacité de Jobs à anticiper les besoins du marché et sa capacité à proposer des produits innovants au consommateur sont fondamentales pour comprendre son impact sur l'histoire commerciale et technologique.

Coco Chanel a révolutionné la mode féminine avec la vision de créer un style élégant et fonctionnel. Son objectif était d'établir la marque Chanel, réalisé en introduisant des vêtements emblématiques tels que la « Petite Robe Noire ». Chanel était connue pour son approche innovante du design et de l'élégance.

Warren Buffett, connu pour sa concentration sur l'investissement et la croissance soutenue, a construit Berkshire Hathaway. Son facteur clé de succès réside dans une stratégie d'investissement à long terme et des acquisitions intelligentes, ce qui lui a permis de devenir l'un des hommes les plus riches du monde.

Dans cette partie, on ne pouvait manquer une brève allusion aux fonds d'investissement les plus importants, qui portent l'esprit entrepreneurial au plus haut niveau, et dont on parle peu, mais auxquels s'ajoutent d'importants conglomérats sur les principaux marchés.

Vanguard Total Stock Market Index Fund se distingue par son approche diversifiée, avec des milliers de sociétés dans son portefeuille. Son facteur clé de succès réside dans le fait d'offrir aux investisseurs un investissement à faible coût, qui suit les indices et offre une large diversification sur le marché boursier.

SoftBank Vision Fund, connu pour sa diversification dans la technologie et les secteurs émergents, a eu un impact significatif. Son facteur clé de succès réside dans le financement massif d'entreprises technologiques à forte croissance, soutenant les innovations de rupture sur le marché mondial.

Berkshire Hathaway, dirigée par Warren Buffett, a constitué au fil des ans un portefeuille diversifié dans plusieurs secteurs. Son facteur clé de succès réside dans une stratégie d'investissement à long terme, combinée à la sagesse de Buffett en matière de sélection d'investissement et de gestion d'entreprise.

Sequoia Capital se distingue par son orientation vers la technologie et les entreprises innovantes. Son facteur clé de succès réside dans un solide réseau de contacts et de conseils stratégiques, qui a contribué au succès de nombreuses startups de son portefeuille.

Tiger Global Management se distingue par ses investissements mondiaux, notamment dans la technologie et les startups. Son facteur clé de succès réside dans la recherche active d'entreprises à forte croissance, en soutenant des entreprises qui démontrent un potentiel important sur le marché.

Index Ventures a acquis une position de premier plan grâce à ses investissements dans la technologie et les startups. Son facteur clé de succès réside dans l'accent mis sur les premières étapes et l'association étroite avec les entrepreneurs, contribuant ainsi au développement réussi d'entreprises innovantes.

Enfin, apprendre des plus grands du domaine est vital pour gravir la prochaine marche et entrevoir où vous voulez vraiment aller.

# Cinquième partie Erreurs

## Évitez de commettre ces erreurs

Faire des erreurs est inhérent au processus de croissance et d'apprentissage humains ; Ce sont des leçons qui nous peaufinent au fil du temps. La clé réside dans l'apprentissage de ses propres erreurs et, plus difficile encore, dans l'apprentissage des erreurs des autres, de ses propres réussites et de celles des autres.

Apprendre des réussites semble être une tâche tout à fait simple, logique et cohérente. Mais généralement, lorsque les choses se passent bien, nous supposons que nous savons pourquoi, sans vraiment réfléchir à la raison de ce succès. Dans le cadre d'une vente par exemple, il est crucial de se demander si une vente a réussi et, plus encore, de comprendre quels éléments ont contribué à ce succès. En nous interrogeant sur ce que nous avons bien fait lors d'une vente, nous pouvons identifier les aspects clés qui nous ont menés au succès. Cette auto-évaluation constante est essentielle à la croissance et à l'amélioration, car même dans une vente réussie, il y a toujours des domaines importants qui peuvent être affinés.

De même, apprendre des réussites des autres est une tâche complexe. Les gens peuvent souvent identifier que quelque chose s'est bien passé, mais il peut être difficile d'analyser consciemment pourquoi cela a réussi. Lorsque nous réfléchissons aux réussites des autres, nous sommes confrontés au défi que la personne elle-même n'a peut-être pas pleinement compris les raisons de son succès. Ce processus devient encore plus compliqué lorsque l'on essaie de comprendre le succès des entreprises ou des individus au niveau du marché. Conclure quel a été le succès qui a conduit au succès peut être compliqué, car même les historiens ou les biographes peuvent mal interpréter ou commettre des erreurs lorsqu'ils décrivent ce qui s'est réellement passé.

En ce sens, comprendre et appréhender les succès implique d'approfondir les détails et d'analyser consciemment chaque élément qui a contribué au succès. Ce niveau de compréhension peut être difficile, mais il est essentiel pour appliquer des leçons significatives et atteindre l'excellence dans n'importe quel domaine.

En espérant que ces erreurs seront utiles au lecteur pour éviter d'y tomber.

## Se brouiller

Le manque de clarté de la vision ou du sommeil est l'une des principales erreurs lors du développement de la méthodologie Vbal. Sans une compréhension claire de l'endroit où vous voulez aller, vous pouvez commettre des erreurs de concentration et d'orientation. Bien qu'il soit possible de réaliser beaucoup de choses sans une vision claire, le résultat final peut ne pas être celui souhaité. L'absence d'une direction définie rend difficile la compréhension du résultat que vous souhaitez réellement dans votre vie. Ce manque de clarté devient un obstacle et, au fil des décennies, vous vous rendrez peut-être compte que vous n'avez pas atteint le niveau souhaité.

C'est vrai qu'on peut atteindre un certain niveau, mais parfois on ne se rend pas vraiment compte jusqu'où on aurait pu aller. Au début, il est difficile d'imaginer jusqu'où l'on peut aller. Par exemple, lorsque je me concentrais sur le fait d'être champion national, c'était la plus grande chose que je pouvais concevoir à cette époque. Je n'ai pas pensé aux Jeux olympiques parce que je ne savais même pas qu'ils existaient. Un athlète qui se concentre sur les compétitions nationales pourrait perdre la possibilité de viser des niveaux plus élevés. Cela s'applique à divers domaines ; Se concentrer sur le fait d'être champion olympique ou champion du monde implique un état d'esprit et un niveau d'intensité différents, et le travail requis pour atteindre ces objectifs est considérable, et nous disposons tous des mêmes 24 heures.

Le nageur olympique Michael Phelps, par exemple, s'est efforcé d'aller plus loin et de battre tous les records olympiques dans sa discipline sportive. Il a atteint cet objectif de manière si remarquable qu'il a fixé des normes très élevées pour les athlètes qui le suivront, peut-être pendant des décennies, voire des siècles. Leur dévouement et leurs réalisations ont non seulement marqué l'histoire olympique, mais illustrent également comment une approche ambitieuse peut influencer l'avenir d'une discipline sportive.

Avec le recul, je me rends compte que ce manque de clarté dans ma vision et mes objectifs m'a empêché d'atteindre mon plein potentiel. J'aurais pu donner plus et accomplir bien plus si j'avais eu une vision claire et si j'avais cru en mes capacités dès le début. Cette réflexion m'a appris que même si nous ne pouvons pas changer le passé, nous pouvons en tirer des leçons et utiliser cette sagesse pour avancer vers l'avenir. Il est crucial d'avoir une vision claire de là où nous voulons aller et de croire en nos capacités à repousser nos limites et à réaliser de grandes choses dans la vie.

Il est essentiel de garder à l'esprit que tout ce que vous proposez peut devenir réalité si vous travaillez constamment et si vous vous y concentrez. Cependant, il est essentiel de s'assurer que les objectifs fixés sont alignés avec le résultat que vous souhaitez réellement atteindre. Autrement dit, vos objectifs doivent refléter fidèlement vos rêves et aspirations les plus profonds.

Parfois, les gens obtiennent des résultats extraordinaires qui dépassent ce qu'ils avaient initialement prévu de faire. Cela montre qu'avec des efforts et de la détermination, vous pouvez vous surprendre et réaliser plus que ce à quoi vous vous attendiez. D'un autre côté, il est également possible que vous obteniez un résultat sensationnel que vous n'aviez pas prévu. Ce scénario met en évidence l'importance de garder l'esprit ouvert et d'être prêt à s'adapter aux opportunités et aux défis qui peuvent survenir sur le chemin de vos objectifs.

Fixez-vous des objectifs, assurez-vous qu'ils correspondent au résultat que vous souhaitez réellement atteindre dans la vie. Restez flexible pour vous adapter aux circonstances et soyez ouvert aux surprises qui peuvent survenir sur votre chemin vers le succès. Avec de la détermination, de la concentration et une vision claire, vous pouvez atteindre vos objectifs en toute confiance, sachant que vous prenez des mesures concrètes vers le résultat que vous désirez vraiment.

Les objectifs deviennent clairs lorsque la vision de l'endroit où vous voulez aller est claire. Vous pouvez vous fixer des objectifs pour être un champion national, mais aussi pour être un champion sud-américain, panaméricain ou à différents niveaux d'un cycle olympique. Développer des objectifs qui correspondent à la vision vous permet d'obtenir des résultats spécifiques. Qu'il s'agisse de battre des records olympiques dans votre sport ou de dépasser les records de votre secteur, il est crucial de savoir quoi battre. C'est ainsi que votre nom peut perdurer dans l'histoire universelle des grandes innovations commerciales.

Lorsque les objectifs sont ancrés dans une vision absolument claire, les activités exécutées et les idées que vous générez pour les réaliser sont complètement différentes. Par exemple, les stratégies visant à vendre 10 000 USD par jour sont différentes de celles conçues pour atteindre l'objectif de vendre 100 000 USD par jour. La vision définit non seulement l'objectif final, mais également la nature et la portée des actions que vous entreprenez pour l'atteindre.

Ce qui différencie vraiment un programme de travail d'un autre, ou un brainstorming d'un autre, c'est la vision et la clarté de l'endroit où vous voulez vraiment aller. Une fois que cela est clair, la clé est de maintenir un suivi approprié, car il vous indique à quelle distance vous êtes du véritable point que vous souhaitez atteindre. Au cours de ce processus, vous remarquerez qu'au fur et à mesure que vous suivez, vous vous rapprochez de plus en plus. Profitez du processus, vivez chaque jour et vivez toutes les émotions que cela peut générer.


## Il fait des erreurs

Il vaut mieux essayer de faire des erreurs que de ne jamais rien essayer. Éviter de commettre des erreurs peut devenir un frein destructeur aux idées les plus fondamentales. La peur associée à la possibilité de commettre des erreurs peut être paralysante. Même s'il existe des choses imprévisibles, si vos rêves sont clairs, si votre vision est bien définie et si vous êtes déterminé à atteindre chaque objectif, tous les problèmes ou obstacles, même les erreurs, seront résolus au fil du temps. L'action et la volonté d'apprendre de ses erreurs sont des éléments essentiels du chemin vers le succès.

Il est essentiel de rappeler que nous travaillons avec des êtres humains et que les erreurs sont inhérentes à notre nature. Vous et votre équipe aurez des erreurs. S'y préparer signifie leur donner la possibilité d'apprendre de leurs erreurs. La mise en œuvre d'un leadership basé sur l'apprentissage par l'erreur est essentielle. Cela permet non seulement la correction des erreurs, mais aussi une croissance et un développement continus. Aller de l'avant avec cette approche contribue à un environnement où l'amélioration constante est valorisée et devient partie intégrante du processus.

La peur de faire des erreurs est la barrière qui empêche de nombreux hommes de conquérir la femme de leur vie. De nombreuses idées innovantes sont enterrées dans le cimetière de l'oubli à cause de la peur de commettre des erreurs. Les entreprises qui auraient pu exister sur le marché n'ont tout simplement pas décollé parce que quelqu'un, à un moment donné, a eu peur de franchir le pas nécessaire. Cette peur peut constituer un obstacle important, mais elle souligne également l'importance d'aborder les erreurs comme des opportunités d'apprentissage et de croissance, plutôt que comme des échecs définitifs.

# N'attendez pas pour tout savoir

Le désir de perfection est compréhensible et nous aspirons tous à bien faire les choses dès le début. Cependant, il est important de reconnaître que tout ne peut pas être appris ou maîtrisé immédiatement. Imaginez une relation, un mariage ou le processus de naissance. On ne peut pas tout prévoir dès le début. Par exemple, dire à votre partenaire que vous allez avoir des jumeaux et que vous traversez le processus de grossesse et d'accouchement implique des défis et des changements surprenants. La parentalité a aussi ses complexités. Si nous nous concentrons uniquement sur les problèmes et les difficultés, il serait difficile de franchir le pas vers la construction d'une famille. Mais nous partons avec foi et espérance vers un avenir meilleur, sans connaître à l'avance tous les défis.

De même, lorsque nous commençons à étudier, il est impossible d'imaginer tout ce qui nous attend du premier au dernier jour, jusqu'au jour de l'obtention du diplôme. Certains n'arrivent pas à terminer à cause de la pression, du stress, du travail, du défi de repousser ses propres limites de connaissances, des nuits tardives, des nuits sans comprendre un sujet et de l'inquiétude constante de perdre un semestre. Ce sont des processus difficiles, mais ils font partie du chemin que nous devons suivre pour avancer. Alors ne vous attendez pas à tout savoir dès le début. Apprendre et surmonter les obstacles sont essentiels pour avancer. Donnez-vous le temps nécessaire, tout est un processus.

En chemin, vous apprendrez ce dont vous avez besoin et acquerrez de précieuses leçons auprès d'excellents professeurs. Ce chemin vous donne la possibilité de corriger et de vous perfectionner. L'essentiel est de toujours maintenir une attitude d'apprentissage, de reconnaître qu'apprendre est amusant et d'être dans un processus constant d'acquisition de connaissances. Non seulement cela améliorera votre humeur, mais cela vous rappellera également que nous sommes concentrés sur la vision que nous avons et sur ce que nous voulons réaliser. Maintenir cet objectif vous permettra de consolider, au fil du temps, ce que vous souhaitez réellement réaliser.

## Concentrez-vous sur ce que vous voulez

La story map de la troisième partie du livre présente une autre carte axée sur l'engagement. Dans ce contexte, l'importance de répéter constamment un « cri de guerre », un mantra qui représente vos objectifs et vos aspirations, est soulignée. Dans cet exemple, le cri de guerre était « Je vais gagner ». L'idée est d'appliquer ce principe à votre entreprise, votre activité, votre vie ou à tout rêve que vous poursuivez. En adoptant un cri de ralliement et en le répétant constamment, vous vous adaptez à ce que vous devez faire, vous donnant ainsi une motivation constante pour avancer vers vos objectifs.

Au lieu de vous concentrer sur ce que vous voulez, vous commettez la grave erreur de vous concentrer sur les problèmes qui surviennent. Cette approche est néfaste, car en nous concentrant sur les problèmes, les erreurs et les lacunes, nous rencontrons des difficultés. Un exemple de ceci est le cas où l'entreprise générait moins de 500 USD de ventes quotidiennes, ce qui créait des difficultés pour payer les services publics et le loyer. Cependant, l'esprit et l'énergie sont restés concentrés sur l'objectif souhaité et, comme par magie, les idées et l'énergie positive ont commencé à circuler pour atteindre le résultat souhaité. Cette histoire met en évidence l'importance de garder l'esprit concentré sur l'objectif malgré les obstacles.

Absolument vrai. Se concentrer sur les problèmes affaiblit et consomme notre énergie. Cela peut nous amener, malgré nos actions positives, à reculer plutôt qu'à avancer. L'attitude positive joue un rôle crucial dans ce processus. Le travail quotidien et constant, notamment au service de nos clients, sera reflété et apprécié. Maintenir un état d'esprit positif et nous concentrer sur les solutions plutôt que sur les problèmes nous permet de surmonter les obstacles et d'avancer avec succès vers nos objectifs.

Un beau message pour terminer. Concentrez-vous toujours sur ce que vous voulez vraiment le matin, commencez la journée avec la meilleure attitude. À la fin de la soirée, prenez un moment pour vous reconnaître et vous féliciter pour tout le bien que vous avez accompli ce jour-là. Si ce n'était pas si bon, ne vous découragez pas ; Chaque nouveau jour est l'occasion de se remettre sur la bonne voie pour atteindre ses objectifs. N'abandonnez pas, continuez, suivez les étapes apprises dans ce livre et je vous souhaite beaucoup de succès dans tous vos efforts. Que la magnifique gloire de Dieu notre Seigneur Jésus-Christ vous accompagne pour toujours. Amen.

# conclusion

Tout comme j'ai commencé par la première phrase, ainsi elle s'est terminée. Je dois souligner le parcours fascinant du début à la fin de ce projet, un processus qui n'a cessé de s'améliorer jusqu'à son achèvement.

Dans la première partie, une corrélation entre une expérience d'affaires et l'ascension d'une montagne à la recherche d'une cascade est racontée. Cette expérience a été l'inspiration pour écrire ce livre et lui donner un titre significatif. La conclusion clé est que tout objectif que l'on se fixe dans la vie peut être atteint s'il existe une véritable détermination pour l'atteindre.

La deuxième partie décrit comment chacun, quelle que soit sa culture ou son idiosyncrasie, peut développer et faire passer tout type d'entreprise au niveau supérieur en appliquant la méthode VBAL présentée dans cette section.

La troisième partie enseigne une autre méthode pour trouver ou concevoir la carte, en soulignant l'importance de s'engager envers soi-même et de rechercher des engagements envers une autorité qui génère une réelle honte ou honte si elle n'est pas réalisée. L'importance de communiquer vos objectifs est soulignée pour vous rappeler constamment pourquoi vous recherchez ces résultats.

La quatrième partie présente les principes qui ont émergé au fil des années en réponse à la compréhension de la manière dont les entrepreneurs les plus prospères de la planète peuvent diriger et créer plusieurs entreprises dans différents secteurs, tandis qu'un entrepreneur avec un seul projet peut s'effondrer à cause du travail et du stress.

La dernière partie est dédiée aux éventuelles erreurs qui pourraient survenir. Ils sont présentés comme un filet de sécurité afin que le lecteur évite d'y tomber et profite en anticipant les défis qui peuvent survenir lors de la poursuite de grands objectifs dans la vie.

Dans le résumé du livre, nous comprenons les objectifs apparemment inaccessibles, l'accent mis sur les grands rêves et comment, à travers des cas spécifiques, on conclut que lorsqu'on se propose et est déterminé à obtenir de grands succès dans la vie, on finit par les atteindre. Les gens ne réalisent pas de grandes choses simplement parce qu'ils ne se concentrent pas sur leur réalisation. Quand quelqu'un est déterminé à chercher, scruter et creuser jusqu'à atteindre le fond, il peut réaliser ce qu'il s'est fixé.

Nous vivons dans une société dans laquelle les rêves s'effacent à mesure que les enfants, étant de grands rêveurs, voient diminuer l'abondance de leurs aspirations. À mesure qu'ils grandissent, l'éducation et les perceptions changent, influencées par les expériences quotidiennes et les résultats de nos proches : amis, frères et sœurs, famille. Ces résultats ont une influence significative sur nos propres réalisations.

Si nous nous entourons d'amis qui réussissent, si nous sommes reconnaissants et bénissons ceux qui prospèrent, nous obtiendrons probablement également des résultats similaires. Cependant, lorsque quelqu'un réussit, la société a souvent tendance à l'exclure au lieu de chercher à tirer les leçons de sa réussite.

Il est crucial d'apprendre à forger et à visualiser une vision expansive, en cultivant des rêves et des objectifs qui semblent presque impossibles. Inspirer de grands objectifs implique une exécution minutieuse des activités, suivie d'un suivi approprié. Cette méthodologie en quatre points est simple mais est complétée par des aspects clés tels que l'habitude, la persévérance et des valeurs qui renforcent le caractère humain, comme insister, résister et ne jamais abandonner.

Cette approche est essentielle pour enseigner aux générations futures. Au-delà de l'enseignement de la foi, il est essentiel de leur inculquer l'idée de poursuivre de grands rêves. Pour y parvenir, il est crucial que vos enfants vous voient vous battre, relever des défis et persister dans la réalisation de vos objectifs. Ce processus d'enseignement implique non seulement de montrer des triomphes, mais aussi de partager des échecs et de démontrer que, quoi qu'il arrive, la persévérance et le travail constant sont essentiels pour réaliser ce que l'on entreprend.

La vie est merveilleuse, pleine d'opportunités et d'abondance pour chacun. Nous pouvons tous développer notre potentiel maximum, même les plus petits, qui peuvent générer des changements significatifs dans leur vie. De petites actions peuvent conduire à de grandes transformations.

Je félicite le lecteur qui est arrivé jusqu'ici, car il se révèle être quelqu'un d'engageé, peut-être l'un de ceux qui m'enverront un email en disant : "J'ai fait mon premier projet, j'y suis depuis 4 ans, j'ai réalisé un tel un exploit." Je n'ai aucun doute sur les capacités ; En fait, la certitude que ce livre sera utile à ceux qui le recevront me remplit d'enthousiasme. J'ai hâte de savoir comment vous appliquez ces connaissances dans la vie et comment vous les transmettez à vos enfants, car enseigner ces leçons est crucial pour les transmettre de génération en génération.

Les grands exploits de la vie sont le résultat de personnes qui ont décidé de laisser un héritage et de faire des choses extraordinaires. En se fixant des objectifs, ils étaient certains de les atteindre, même lorsque leur entourage en doutait. La détermination, le but et la disposition sont essentiels pour obtenir d'excellents résultats ; Seuls ceux qui s'y mettent réellement peuvent y parvenir.

Il est essentiel de noter que celui qui n'a jamais entrepris quelque chose de grand dans la vie n'obtiendra jamais rien. Il est injuste de s'attendre à des résultats surprenants sans préparation ni intérêt. Ce principe se reflète dans les héritages : ceux qui sont mal préparés à les recevoir peuvent avoir une perception faussée de la création de richesse. Au fil du temps, la sagesse conventionnelle met en garde contre la possibilité qu'après des générations, une richesse mal gérée finisse en difficultés.

Faire face aux obstacles et aux défis est une constante à chaque génération. Seuls ceux capables de les surmonter ont marqué les grands progrès de l'humanité. L'héritage est important, mais la manière dont il est géré et investi est tout aussi cruciale. Chaque génération est confrontée à la tâche de programmer et de réaliser ses rêves, en apprenant des défis précédents et en projetant un chemin vers le succès, en transmettant ces connaissances à la génération suivante.